LE DICTIONNAIRE DE MA VIE

Dominique Besnehard

LE DICTIONNAIRE DE MA VIE

Réalisé avec Guillaume Evin

KERO

Collection dirigée par Christian de Villeneuve

KERO
une marque
CALMANN LÉVY

COUVERTURE
Maquette : Olo.éditions
Photographie : © Christophe Brachet

ISBN : 978-2-7021-6851-6

J'apprécie beaucoup la Brève de Jean-Michel Ribes me concernant.

« L'Art de Dominique Besnehard est d'accompagner les actrices avant qu'elles ne soient des stars, quand elles le sont devenues mais aussi quand elles ne le sont plus »

Dans cet ouvrage, je ne parle pas seulement du théâtre et du cinéma mes seules passions mais aussi des choses de la vie.

Pour la première fois, à travers les lettres de l'alphabet, je me dévoile, parle de mes goûts, de mes dégoûts. Je livre même mes secrets intimes.

Le 18 décembre 2022, j'ai eu un arrêt cardiaque de 5 minutes et mon ange gardien a considéré que ce n'était pas encore le jour pour que je m'absente à jamais.

Je tiens à remercier l'inconnu introuvable qui dans la rue sur le trottoir a fait les premiers gestes pour ma survie.

Je dédie ce livre à Francis, Marie-France, Antoine, Kamal les premiers témoins de ma résurrection et à Hubert qui a vécu en direct l'accident cardiaque et qui a pris les secours en main avec flegme

A

Angoulême

« Je me sens chez moi. »
« J'aime surtout l'ouverture d'esprit
et la tolérance des Charentais. »

Quand je suis à Angoulême, il m'amuse parfois de m'imaginer être la réincarnation d'un des Valois ! Je me verrais tout à fait dans la peau du roi Henri III, le dernier d'entre eux, même si je me dispenserais bien de finir comme lui, assassiné par un fanatique religieux en 1889. Henri III était un monarque fin et cultivé, élégant, humaniste, entouré de ses « mignons » à la Cour, ce qui ne serait pas pour me déplaire… Dans une autre vie, je pourrais être aussi le page ou le bouffon de Marguerite de Valois, reine de Navarre.

Aujourd'hui, j'ai Angoulême dans la peau. Je suis tombé amoureux de cette ville dès que je l'ai connue, la cinquantaine passée. Je ne m'y étais pourtant jamais rendu auparavant. Tout remonte à 2006. J'étais encore chez Artmedia mais je m'apprêtais à quitter l'agence dirigée par Bertrand de Labbey quelques mois plus tard. Un jour, Jeanne Moreau me dit de sa voix rocailleuse : « Mon petit chéri (elle m'appelait comme ça), ce serait bien d'acheter les droits d'adaptation du livre *Les Grand-Mères* de Doris Lessing. Il n'y aurait pas de rôle pour moi, car je suis trop âgée maintenant, mais pour vos autres actrices ce serait parfait. » J'y vois aussitôt un excellent projet pour ma vie prochaine de producteur. Une manière de préparer en douceur l'après-Artmedia. Or, premier clin d'œil, l'agente littéraire de Doris Lessing vit à Angoulême, comme bon nombre de Britanniques à cette époque. Et me voilà parti avec mon associé, Michel Feller, négocier avec une charmante Anglaise dans l'un des salons de l'Hôtel de France, dans le centre-ville (devenu Mercure depuis). Ce sera mon premier séjour là-bas. De surcroît payant, puisque nous récupérerons les droits du roman du futur Prix Nobel de littérature, lesquels nous permettront de produire quelques années plus tard *Perfect Mothers* (2013), le premier film en anglais d'Anne Fontaine, avec Robin Wright et Naomi Watts.

Quelques mois après, tout début 2007, la productrice à succès Marie-France Brière (*Dimanche*

Martin, *Collaro Show*, *Fort Boyard*, *La Roue de la fortune*, *Taratata*, etc.) souhaite lancer un festival de cinéma consacré aux films francophones. Cette femme issue du monde de la variété française est revenue enchantée du festival L'Outaouais, au Québec. Elle songe à importer la formule en France, plus précisément à Angoulême, où elle possède à proximité une maison de campagne. Mais elle hésite franchement à se lancer seule dans l'aventure. Or je suis libre, motivé, et moi aussi, j'ai cette idée un peu folle de monter un jour ou l'autre un festival de cinéma. Nous sommes donc faits pour nous entendre. Son ex-mari, Bertrand de Labbey, arrange notre rencontre. Autour d'un dîner bien arrosé où, entre la poire et le fromage, je finis par chanter tout le répertoire de Sylvie Vartan – dont j'apprendrai que Marie-France est une de ses grandes amies depuis l'époque de *Salut les copains* sur Europe n° 1 où elle travaillait –, nous accordons assez facilement nos envies. C'est parti…

S'implanter à Angoulême s'avère d'autant plus judicieux qu'au même moment Ségolène Royal, présidente de la Région Poitou-Charentes, sollicite souvent mes conseils et mon entregent et qu'elle verrait certainement d'un œil favorable la tenue d'un autre événement culturel majeur dans « sa » capitale, en sus du traditionnel festival de la bande dessinée, fin janvier. Affaire conclue. Sous l'impulsion de son énergique présidente, le Conseil régional vote bientôt la subvention décisive en se substituant aux apathiques sponsors privés. Et voilà comment je retourne à Angoulême !

Cette cité perchée, surplombant un méandre de la Charente, m'a tout de suite plu. De taille moyenne (ni grande, ni petite), Angoulême a ce côté balzacien ou chabrolien fascinant avec sa partie haute et sa partie basse : « En haut, la noblesse et le pouvoir ; en bas, le commerce et l'argent », écrit le romancier dans ses *Illusions perdues*. J'aime la pierre crayeuse, ce tuffeau qui égaye les façades des maisons. J'aime surtout l'ouverture d'esprit et la tolérance des Charentais. J'ai l'impression qu'ils s'abstiennent de juger les autres, de se complaire dans les commérages, ce qui s'avère très agréable.

À ma grande surprise, notre (petit) festival a d'emblée décollé. Dès sa première édition, en août 2008, inaugurée par Ségolène Royal et Robert Charlebois, la greffe a pris avec le public. On a même dû refuser du monde à chaque séance. Et pourtant, ce n'était pas gagné. Nous n'avons eu que quelques mois pour tout orchestrer et ce premier exercice s'est révélé déficitaire. Et puis la machine s'est vraiment emballée à compter de sa quatrième édition, l'été 2011, avec la présentation en exclusivité du film *Intouchables*, du duo Olivier Nakache-Éric Toledano. Un phénomène rare, unique même ! Marie-France et moi avons vu ce film inachevé, sans musique, mais nous avons senti que ce serait un tsunami dans les salles quelques semaines plus tard. L'année suivante, tout le monde voulait venir à Angoulême. Les gens du cinéma avaient compris que le FFA (Festival du film francophone d'Angoulême) était désormais un merveilleux tremplin après Cannes et qu'il fallait compter avec sa dimension artistique.

Avec le recul, je pense que Marie-France et moi avions identifié les trois éléments du triptyque nécessaire à la réussite pérenne d'une telle initiative : *primo*, un centre-ville de caractère au riche passé historique ; *secundo*, une thématique forte et ciblée (les films francophones) ; *tertio*, du contenu de qualité (une sélection soignée, un palmarès respecté, un jury prestigieux...). Enfin, nous avions eu l'idée de positionner notre festival fin août. Une date *a priori* incongrue, presque suicidaire pour beaucoup – « Mais vous êtes fous !? Les gens sont encore en vacances. Personne ne viendra ! Ça va être un désastre » –, et finalement très pertinente, car elle ouvre la saison du cinéma français. Comme une rampe de lancement. On n'allait pas non plus laisser éternellement Deauville et ses films américains, début septembre, lancer les festivités, non ?! Aujourd'hui, la plupart des succès en salles de l'automne ou de l'hiver ont été montrés et généralement salués à Angoulême peu de temps auparavant.

Là-bas, je me sens chez moi. Pendant deux mois – juillet et août – j'y mène ma petite « campagne électorale ». Je prends le pouls de la ville, je sonde les reins et les cœurs. Je colle des affiches. Chaque jour, je vais discuter avec les uns et les autres. Et de retour à Paris, je fais remonter mon cahier de doléances auprès des élus. Pendant mon séjour, je vais même en prison ! J'organise une projection privée pour les détenus. Peut-être est-ce là une résurgence de mon passé de visiteur de prison… Bien sûr, j'évite de leur montrer un film trop scabreux avec des scènes de sexe osées. Je ne tiens pas non plus à déclencher une émeute. Mais c'est à chaque fois un moment à part, très gratifiant. L'an dernier, nous avons ainsi pu instaurer un débat de quarante minutes entre les prisonniers et l'équipe du film *Les Survivants*[1], de Guillaume Renusson. On ne peut pas en dire autant de certaines salles d'art et d'essai dans Paris…

Le plus dur pour moi dorénavant est de dire non. Savoir refuser un film sans froisser son auteur et/ou son producteur. Rester crédible d'un côté, atténuer les déceptions de l'autre. Privilèges et servitudes du programmateur que je suis devenu. Pour bâtir notre

1. Avec Denis Ménochet et Zar Amir Ebrahimi.

sélection de films en compétition, Marie-France et moi voyons quand même quatre longs-métrages par jour pendant deux mois ! Nous jouons le jeu jusqu'au bout : nous regardons toutes les copies dans une vraie salle de cinéma, chacun assis aux deux extrémités d'une rangée pour ne pas nous distraire ni nous influencer mutuellement. C'est un drôle de rituel mais cela nous réussit assez bien, alors nous continuons de la sorte. Avec Marie-France, nous aimons être des « passeurs » du cinéma français, transmettre notre passion en aidant certaines et certains à émerger.

Aujourd'hui, le FFA a bientôt seize ans. Seize ans déjà ! L'excitation est toujours là. À chaque fois, j'ai hâte de préparer le suivant. J'ai l'impression que c'est la première fois. Désormais, Angoulême revêt pour moi le charme délicieux de l'escapade estivale attendue tout le reste de l'année.

B

Brialy (Jean-Claude)

« Nous avons formé un tandem d'enfer vingt ans durant. »

Je ne voyais que lui dans *Mon film*. Une revue de cinéma, d'abord en noir et blanc puis en couleurs, dont chaque numéro présentait de fond en comble l'un des films français du moment. Jean-Claude Brialy était partout. À l'écran comme dans les pages de ce mensuel que je dévorais quand j'allais en vacances chez Suzanne, ma tante maternelle. Celle que je surnommais « la Sophia Loren des champs ». L'épouse du frère de ma mère était sexy, assez pulpeuse, ne jurait que par *Mon film* et adorait aussi *Nous Deux*, le magazine de romans-photos que je lisais en cachette.

Mon premier souvenir de Jean-Claude Brialy remonte à cette couverture de *Mon film* d'avril 1963 (le numéro 711 exactement). J'ai neuf ans. Il pose pour le film d'Édouard Molinaro *Arsène Lupin contre Arsène Lupin*, où il partage la vedette avec Jean-Pierre Cassel et Françoise Dorléac, la sœur aînée de Catherine Deneuve.

Au tournant des années 1960, Brialy était demandé par tout le monde, que ce soit Claude Chabrol ou Henri Verneuil, Jacques Deray ou Alexandre Astruc. Il avait une petite trentaine d'années. Il jouait souvent les dilettantes, les dandys, les séducteurs beaux parleurs, les Parisiens bien nés. Il incarnait le Français raffiné et plein d'esprit, volontiers cynique. Prêt à se damner pour un bon mot. Il alternait films populaires et films d'auteur avec la même aisance, une forme de désinvolture chic. Avec Jean-Paul Belmondo, il était l'emblème de cette nouvelle vague qui déferlait dans les salles.

Plus tard, à seize ans, j'ai été marqué par son jeu dans *Le Bal du comte d'Orgel* (Marc Allégret, 1969). Il excelle dans le rôle de l'aristocrate des années 1920 si bien décrit par Raymond Radiguet dans son roman. À cette époque, il offrait au jeune homme que j'étais l'image d'une icône accessible. Il était moins intimidant, moins écrasant que Jean-Paul Belmondo et Alain Delon. Brialy, au fond, c'était le troisième homme : il venait juste après ces deux monstres-là. Contrairement à eux, il n'avait pas ce côté macho, survirilisé. Il était plus touchant, parce que sensible et vulnérable. Il pouvait être douloureux aussi. Et puis son humour faisait mouche à tous les coups. II savait être caustique et cruel sans jamais être méchant. Ce conteur hors pair, qui pouvait tenir un auditoire comme personne, semblait échappé d'un roman d'Oscar Wilde.

On le voyait énormément à la télé. Il faisait office d'amuseur public dans les émissions de variétés à succès de Maritie et Gilbert Carpentier. En même temps, il était capable d'écrire des scénarios et de passer à la réalisation. En 1972, il met en scène *Églantine*, une comédie douce-amère, profondément nostalgique, sur les souvenirs d'un collégien de la Belle Époque, avec Valentine Tessier et Claude Dauphin. Durant ces années-là, cependant, son grand moment c'est le théâtre. Pendant deux ans, il jouera *La Puce à l'oreille*, l'un des vaudevilles les plus jubilatoires de Feydeau. Lors de la tournée de la pièce en province, je le rencontre enfin dans la salle du théâtre municipal de Caen. Je suis venu voir le spectacle avec ma classe de collège. Après la représentation, comme je connais un peu les lieux, je me faufile dans les coulisses. Je patiente devant sa loge. Avec le recul, je me dis que j'avais pas mal de culot quand même… Brialy arrive. Je bredouille deux trois mots. Il se montre gentil :

— Bonjour jeune homme, vous voulez faire quoi, plus tard ?

— J'aimerais travailler dans le théâtre ou le cinéma…

Sur ce il me signe un autographe.

— Alors on se retrouvera !

Le temps passe. Une fois à Paris, je me lance dans le casting. Je me nourris des films de la nouvelle vague à la Cinémathèque française. Je découvre *a posteriori* un autre Brialy. Au milieu des années 1970, ce touche-à-tout génial est toutefois éclipsé par les Noiret, Rochefort, Serrault… À force de se démultiplier, il a perdu de sa singularité. Il a effectué de drôles de choix (*Catherine et Compagnie*, de Michel Boisrond ; *Les Œufs brouillés*, de Joël Santoni, etc.). Son image s'est justement brouillée au cinéma. Et c'est là que je le revois fortuitement. Je suis invité en 1976 par Jean Girault sur le tournage de *L'Année sainte*, qui sera le dernier film de Jean Gabin.

Jean-Claude y interprète Pierre Bizet, un escroc déguisé en abbé, prêt à s'associer avec un autre truand (Gabin) pour récupérer un magot d'un demi-milliard en or enterré près d'une petite chapelle à Rome. Sur le plateau, juste avant de tourner une scène à bord d'un Boeing, Girault me présente aux comédiens. Gabin me lance : « Ah, vous avez les yeux bleus, comme les Normands ! » Brialy, lui, ne me reconnaît pas, et c'est normal. Fidèle à son habitude, il fait une blague. On en reste là.

Nouveau saut dans le temps. 1980, *Diva*. Je suis en charge du casting du premier long-métrage de Jean-Jacques Beineix. Pour un second rôle, celui d'un imprésario, je songe immédiatement à Brialy, lequel joue au même moment dans la pièce *Madame est sortie*, de Pascal Jardin, à la Comédie des Champs-Élysées. J'emmène donc Jean-Jacques voir Jean-Claude sur scène pour une séance en matinée. L'idée étant que le cinéaste lui offre le rôle après avoir fait sa connaissance. Un ami acteur, Xavier Saint-Macary, nous accompagne. À la fin du spectacle, nous nous retrouvons ainsi tous les quatre autour d'un verre. Beineix évoque les grandes lignes de son film, brosse les personnages, quand, tout à coup, Brialy lui coupe la parole. Il se tourne, sentencieux et un peu ambigu, vers Saint-Macary :

— Mais qu'est-ce que tu fais là, au fait ?

— Eh bien, j'accompagne Dominique.

— Ah… Quand je pense qu'un jour, sur une plage, tu m'as annoncé que tu me quittais pour Nathalie Baye !

La saillie de Jean-Claude jette un froid polaire. On sort tous les quatre sans un mot. Sur le trottoir, Beineix, choqué par ce déballage intime inapproprié, me glisse en aparté : « Brialy n'aura pas le rôle. » Je choisirai à sa place Roland Bertin, qui sera parfait comme toujours.

Deux ans plus tard, *Le Retour de Martin Guerre*, de Daniel Vigne. Là aussi je m'occupe du casting. Le tournage se déroule en Ariège, non loin de Saint-Girons. Un soir j'en profite pour retrouver Jean-Claude qui, lui, joue son éternel *Madame est sortie* dans une ville de la région. C'est la première fois que nous passerons une vraie soirée à discuter longuement. Notre amitié s'est scellée là, dans une salle de restaurant pyrénéenne, entre la poire et le fromage.

À l'époque, son agent chez Artmedia s'appelait Claudine Sainderichin. Efficace mais un peu planante. Elle s'obstinait à l'appeler « Jean-Louis », ce qui avait le don de l'horripiler, surtout au bout de plusieurs années de collaboration ! Quand j'ai rejoint l'agence, en 1985, Jean-Claude a tout de suite voulu que je travaille pour lui. Jean-Louis Livi, le patron de la maison, y a consenti. Et c'est comme cela que Brialy est devenu l'un de mes « talents ».

Ensemble, nous avons fait d'excellentes choses (*S'en fout la mort*, de Claire Denis ; *La Reine Margot* de Patrice Chéreau ; *Une femme française*, de Régis Wargnier). Nous avons formé un tandem d'enfer vingt ans durant. Je l'ai notamment aidé à décrocher un second rôle dans *Les Innocents*, d'André Téchiné, rôle qui lui vaudrait son seul et unique césar d'acteur en 1988. Mais Jean-Claude était infernal : il m'appelait sans arrêt. Trois voire quatre fois par jour, tous les jours ! Matin, midi et soir. Comme il avait mille vies – acteur, comédien, directeur de théâtre (Bouffes-Parisiens), chroniqueur presse et radio, pilier du Festival de Cannes, auteur, directeur artistique de festivals de théâtre (Ramatuelle et Anjou), restaurateur sur l'île Saint-Louis, châtelain en Seine-et-Marne (château de Monthyon) –, et le train de vie assorti, il était toujours sur la brèche. Et ses activités débordantes finissaient par le desservir. Claude Chabrol m'avoua un jour, après l'avoir refusé dans l'un de ses films : « Tu comprends, Dominique, Jean-Claude est « gratuit » ! On le voit trop, tout le temps, partout. Ce n'est pas bon. Pour personne. » Et en même temps, ce boulimique insatiable qu'était devenu Jean-Claude était réclamé. Sa première autobiographie parue chez Robert Laffont, *Le Ruisseau des singes*, se révélera un colossal succès en librairie. Des centaines de milliers d'exemplaires vendus ! Davantage que bon nombre de prix Goncourt. Au point que tous les éditeurs de la place de Paris en parleront bientôt avec admiration en disant « le Brialy ». Et, bien sûr, il avait écrit son ouvrage tout seul, sans l'aide de personne.

« Monsieur 10 000 volts » avait un autre défaut : il n'a jamais surmonté sa jalousie professionnelle envers Jean-Pierre Cassel, son rival de toujours. Tous deux avaient débuté puis percé au même moment, avaient connu des trajectoires similaires, tenaient à peu près la même place dans le cinéma français. Le plus drôle est que Jean-Claude ne cessait de répéter à qui voulait l'entendre qu'il aimait beaucoup son « ami Jean-Pierre », lequel se comportait pourtant de la même manière à son endroit. Le hasard aidant, les deux hommes se retrouvèrent en 2006 pour tourner un film ensemble, comme à leurs débuts, dans les années 1960. C'était en Belgique pour *Vous êtes de la police ?*, de Romuald Beugnon. Ce fut la dernière aventure au cinéma de Brialy et l'avant-dernière de Cassel. Sur le tournage, le premier se moquait des siestes que faisait le second entre deux prises. Ils disparurent, quasiment ensemble, au printemps 2007. Mais c'est Jean-Claude qui eut le dernier mot : il mourut six semaines tout juste après son « ami Jean-Pierre ».

Grâce à Brialy, j'ai rencontré Arletty au soir de sa vie. Elle perdait la vue. En m'écoutant parler, elle me dit d'emblée avec sa gouaille légendaire : « Vous avez un sacré cheveu sur la langue, vous ! » Jean-Claude avait l'amitié fidèle. Il adorait Danielle Darrieux, Michèle Morgan, Françoise Arnoul, Madeleine Robinson, Micheline Presle, Line Renaud, Jeanne Moreau, et bien sûr Marie-José Nat et Nana Mouskouri. Ce qui ne l'empêchait nullement toutefois de s'asticoter avec les unes ou les autres. Il recherchait la compagnie des vieilles actrices. Il ne voulait pas rater le moment où elles se remémoraient les anciens potins du milieu. Il avait l'impression d'être « le chouchou de ces dames ». Avec celles des générations suivantes, en revanche, il se montrait nettement plus mordant. Il trouvait que le glamour s'était évaporé, perdu à jamais. Sur les planches comme sur les plateaux, il draguait beaucoup les beautés masculines qui l'entouraient. Mais, que cela se concrétise ou non dans la foulée, il savait toujours ne pas aller trop loin.

Autant Jean-Claude était généreux de son temps comme de ses sentiments, autant il était économe, près de ses sous, avec les biens matériels. Il lui arrivait ainsi d'offrir des cadeaux qu'on lui avait donnés. On le savait tous. On en souriait. Je me revois encore déballer devant lui un coffret de savons et de senteurs sous lequel était écrit « Ne peut être vendu. »

Chez lui, on se serait cru chez la Belle Otero, dans le boudoir de la célèbre « cocotte » de la Belle Époque. Son somptueux appartement quai de Bourbon, sur l'île Saint-Louis, regorgeait de bibelots, de menus objets décoratifs. Il avait l'âme d'un collectionneur. Il gardait tout. De lui, j'ai conservé un joli plateau en argent massif que lui avait offert un jour le grand Luchino Visconti, autre esthète devant l'Éternel.

Brialy aimait se mettre en scène au milieu des autres. Sans doute parce qu'il avait horreur de la solitude, il éprouvait le besoin de briller de mille feux. D'être constamment entouré, sinon par une cour empressée, du moins par des âmes bienveillantes à son égard. Je crois surtout qu'il ne s'aimait pas, lui qui aimait tout le monde. Il a toujours semblé se fuir lui-même... Peut-être avait-il beaucoup souffert, enfant, du manque d'amour d'un père militaire rigide, trop autoritaire ? Jean-Claude était également fâché de longue date avec son frère, de deux ans son cadet. Voilà pourquoi les véritables amis comptaient énormément pour lui. Et je ne parle pas ici de ceux qui ont pu profiter de lui. Je suis heureux et fier d'avoir été l'un des siens jusqu'au bout. Je ne le remercierai jamais assez de m'avoir fait aimer sincèrement et passionnément les acteurs et les actrices. Repose en paix, Jean-Claude.

C

Critiques

« Ils décernent leurs étoiles. Ils en mettent partout.
C'est tellement commode et peu exigeant. »

Ce papier incendiaire de *Libé* sur Patrick Dewaere, je ne l'ai pas oublié ! Et je ne suis pas le seul. Juillet 1982. L'acteur de trente-cinq ans vient de se suicider alors qu'il était en pleine gloire. Dans les colonnes de *Libération*, la « nécro » de Gérard Lefort le « tue » une seconde fois. Le critique ciné vedette du quotidien de Serge July juge en effet que Dewaere « joue la comédie comme une chaussette molle » et qu'il arbore « la moustache la plus inexpressive du cinéma français ». L'intéressé a quand même été nommé six fois en sept ans pour le césar du meilleur acteur[1] ! Comment peut-on se montrer aussi injuste

1. Dont une fois au titre de meilleur acteur dans un second rôle, en 1976, pour *Adieu poulet*, de Pierre Granier-Deferre.

intellectuellement ? Ça dépasse l'entendement. On n'exécute pas un comédien comme ça, gratuitement, par mots interposés pour se faire mousser.

Et celui sur Bertrand Tavernier après son décès, en mars 2021 ? Quarante ans plus tard, le même journal y va de son coupable mépris sous couvert de circonlocutions à prétentions stylistiques : « … Pour d'autres, [Tavernier] c'était Tatave, la loupiote qui clignote au bout de la rue, l'épicerie ouverte vingt-quatre heures sur vingt-quatre aux étals pas avares en navets, films clairs, carrés, moralisateurs, tout ce que la France pouvait produire de plus lourd et poussiéreux. » Comment peut-on se montrer aussi condescendant ? Comment peut-on oser traiter ainsi un cinéaste qui a décroché cinq césars, un prix Louis-Delluc et obtenu celui de la mise en scène à Cannes ? Avant d'être encensé comme cinéaste, François Truffaut n'a pas toujours été non plus d'une grande élégance quand il était critique au magazine *Arts*, au début des années 1950. La pauvre Dany Carrel, par exemple, était mortifiée quand elle lisait qu'elle n'était faite que pour jouer les bonnes ou les putes et qu'elle sentait sous les bras !

Le critique ciné ou théâtre exerce un drôle de métier : il est capable de vous expliquer ce qu'il faut dire et penser de tel film ou telle pièce avant même parfois de l'avoir vu(e) ou lu(e) ! Redoutable, non ? Voilà un homme ou une femme qui s'est forgé un a priori et qui en dévie rarement, par paresse autant que par orgueil déplacé. Il m'est ainsi arrivé d'assister à des projections presse où j'entendais des journalistes pérorer dans le hall avant d'avoir aperçu la moindre image. Certains auraient presque pu rédiger leur chronique en entrant dans la salle !

Il est cependant un autre travers de cette profession, reflet d'une époque malheureuse, parce que paresseuse. Aujourd'hui, les critiques procèdent comme les consommateurs d'une société « ubérisée » : ils décernent leurs étoiles. Ils en mettent partout. C'est tellement commode et si peu exigeant. Toute analyse a disparu. Ou plutôt le résumé de l'intrigue se substitue à l'analyse. On enrobe le tout d'un adjectif définitif se terminant souvent en « ant » – divertissant, bouleversant, passionnant, poignant, fascinant, euphorisant… – et le tour est joué. Au fond, le critique survole son sujet et le spectateur potentiel est prié de gober cette recension plaquée, trop vite emballée. Les avis déferlent. Mais combien d'entre eux sont étayés ? Je paierais cher, à présent, pour tomber sur la critique d'un Jacques Siclier, grande plume du *Monde* et de *Télérama*, érudite quoique accessible, jamais pontifiante. Il lui arrivait de détester un film, bien sûr, et il ne se privait pas de l'écrire, mais sans jamais salir ni dénigrer qui que ce soit.

D

Dewaere (Patrick)

« Il plaisait parce qu'il acceptait de montrer sa vulnérabilité. »
« Cette nuit-là, il ne s'est rien passé entre nous, hormis la naissance d'une grande complicité. »

Il est l'un des héros de mes « années télé ». J'ai treize ans. Et lui a la fougue et la beauté de ses vingt ans dans *Jean de la Tour Miracle*, le feuilleton de cape et d'épée en noir et blanc et en dix épisodes de Jean-Paul Carrère. Oui, je sais, aujourd'hui il faut dire « série » et non plus « feuilleton », c'est plus chic, moins ringard, mais pas forcément plus juste. Dans cette fiction diffusée par l'ORTF en décembre 1967, Patrick Dewaere incarne une sorte de Fanfan la Tulipe de la fin du XVIe siècle, un jeune catholique béarnais plongé dans le fracas des guerres de Religion qui tombe amoureux de la fille d'un protestant, jouée par Ludmila Mikaël, actrice brillante du Français, future mère de Marina Hands. Sans me le formuler clairement, je trouve ce bel acteur terriblement moderne. Il détonne par rapport aux autres. Il n'a rien de l'éternel bellâtre en costumes, un peu fade. Dewaere a du tempérament – ça se voit – et une sensibilité – ça se sent aussi – que ses concurrents n'ont pas. Et pourtant on est encore loin des *Valseuses*, le film qui va totalement bouleverser sa vie.

Patrick est un enfant de la balle. Le troisième d'une fratrie de six. Comme ses cinq autres demi-frères et sœur, le « petit Maurin » a été programmé par leur mère, comédienne, Mado Maurin, pour percer un jour sur les planches ou devant une caméra. Il tourne depuis l'âge de quatre ans, que ce soit pour la télévision ou le cinéma ! Il court les auditions et les tournées partout en France, il enchaîne les projets à un rythme dément pour son âge. Son premier long-métrage ? Il apparaît dès 1951 dans *Monsieur Fabre*, d'Henri Diamant-Berger, avec Pierre Fresnay et Élina Labourdette. À neuf ans, il joue le petit frère de Brigitte Bardot (*En effeuillant la marguerite*, de Marc Allégret), et à dix on le voit dans *Les Espions*, d'Henri-Georges Clouzot. Dans ces années 1950 et 1960, la tyrannique et malsaine Mado orchestre la rivalité entre ses propres enfants. Pensant les stimuler, elle les fragilise pour toujours. On apprendra bien plus tard aussi que Patrick a été abusé sexuellement dans son enfance.

Mars 1974. Je vis à Paris depuis peu. J'ai réussi quelques mois auparavant le concours d'entrée à « la Rue Blanche ». Je suis sur un petit nuage car j'évolue enfin là où j'ai toujours voulu être : au milieu des artistes. Cours théoriques le matin, ateliers l'après-midi où l'on monte des pièces, puis spectacles le soir. Entre deux figurations pour gagner trois sous, j'écume les salles obscures. Un jour, je vois *Les Valseuses*, de Bertrand Blier. Le choc ! Ce road movie cru en forme de fable anticonformiste me bouscule. Je n'ai jamais vu un film pareil. Il narre l'errance dans la France pompidolienne de deux paumés : leurs obsessions sexuelles, leurs larcins, leur vie d'expédients, leurs désillusions, leur connivence… C'est à la fois tragique et dérisoire. C'est une vraie claque. Surtout, Patrick Dewaere me touche infiniment. Dans le tandem qu'il forme avec Gérard Depardieu, il paraît le plus fragile et le plus féminin des deux alors que dans la réalité c'est l'inverse.

Dewaere est sensible, terriblement attachant, presque lunaire par moments. Un bloc d'émotions contenues. Je n'imagine évidemment pas, en sortant de la salle, que je me lierai avec lui six ans plus tard, lors du tournage à Dieppe de *Psy*, de Philippe de Broca, une comédie loufoque sur la mode des stages de développement personnel qui sévissait alors. Dans ce film écrit par l'auteur de BD Gérard Lauzier, je joue le rôle d'un homosexuel refoulé nommé Michel, amoureux justement de Marc, le personnage principal, interprété par Dewaere. On passe notre temps plus ou moins nus. C'est assez étonnant quand même ! C'est l'un des premiers longs-métrages où je tiens un second rôle sans m'occuper en parallèle du casting. À cette époque, Patrick vit une période difficile. Sa vie privée s'en ressent. Il se drogue beaucoup. Vit reclus. Entre deux prises de vues, il s'isole dans sa caravane et le soir il traîne seul à l'hôtel. En revanche, dès que la caméra tourne, il se montre impeccable. Très professionnel. Comme toujours, il est épatant. Il a une telle présence. Un charisme indéniable.

Sur le plateau, il est très gentil avec moi. Un soir, tandis qu'il traîne un spleen plus lourd encore que d'habitude, il me propose de dîner avec lui. Je dis oui, bien sûr. Ensuite, on marche tous les deux sur la plage. Là, devant les éléments déchaînés avec le bruit des vagues en fond sonore, il s'ouvre comme jamais. Il me raconte son histoire, ses doutes, ses failles, ses souffrances. Il m'avoue combien il a détesté sa mère, elle qui ne l'a jamais aimé. Il me confie qu'il a dû se passer complètement d'elle, lui qui n'a jamais connu son père. Je n'en reviens pas d'être le confident privilégié de ce moment d'intimité rare. On rentre à l'hôtel. Il me lance : « Tu viens dans ma chambre ? » Je le suis. Est-ce en tout bien tout honneur ? De son côté, c'est une certitude ; du mien, ça l'est moins... Pendant quelques instants, je me prends à rêver. Ma machine à fantasmes tourne à plein régime. Et puis, tout se dissipe. Il me propose de fumer un joint. Je ne sais pas ce qu'il y a mis, mais je plane comme jamais. La tête me tourne. J'ai mal au cœur, je vomis. Je suis dans un état lamentable. Je m'endors par à-coups à ses côtés dans le lit. Impossible de me lever le matin pour tourner ma scène. Patrick rigole : « On va dire que tu as mangé des huîtres et que ça t'a rendu malade. » Cette nuit-là, il ne s'est rien passé entre nous, hormis la naissance d'une grande complicité. Aujourd'hui, plus de quarante après, trône dans le couloir de mon appartement une jolie photo de nous deux, prise pendant le tournage de ce film. Patrick a écrit à la main : « Dominique, souviens-toi toujours que c'est sur *Psy* que tu es allé un peu trop loin. » Hélas, c'est lui, le pauvre, qui allait trop loin...

Nous nous retrouvons quelques semaines plus tard sur le tournage d'*Un mauvais fils*, de Claude Sautet (1980). Cette fois, je ne lui donne pas la réplique. Je suis juste chargé du casting. Je viens de temps en temps sur le plateau m'assurer que tout se passe bien pour les comédiens que j'ai recommandés au réalisateur (Claire Maurier, André Julien et Étienne Chicot notamment) et, accessoirement, je revois Patrick avec plaisir. Comme souvent dans ces histoires de casting, l'ironie de l'histoire veut que Gérard Depardieu ait été pressenti pour le rôle principal avant que Claude Sautet n'opte finalement pour Patrick. Et je suis certain que le cinéaste n'a jamais regretté son choix.

Je reverrai Patrick une dernière fois pour son dernier film, *Paradis pour tous*, d'Alain Jessua, quelques mois seulement avant qu'il ne se donne la mort, le 16 juillet 1982, d'une balle de 22 long rifle dans la bouche. Je suis toujours aussi bluffé par son talent. À chaque prise il pouvait jouer la scène de manière différente. Et à chaque fois il y était juste. Il donnait une impression de facilité, et pourtant il n'improvisait jamais. Il connaissait son texte au rasoir. Il avait des fulgurances qui le rendaient unique. Il avait la masculinité apparente d'un Marlon Brando et la sensibilité exacerbée, voire l'ambiguïté, d'un Montgomery Clift. Patrick Dewaere avait ce côté « sans-culotte », frondeur et impertinent sans jamais cesser d'être attachant. S'il plaisait tant, c'est parce qu'il acceptait de montrer sa vulnérabilité. Et sa disparition prématurée à la James Dean a forgé son mythe. Aujourd'hui, dans notre inconscient collectif, il est resté cet acteur fatal parce qu'on ne l'a pas vu vieillir à l'écran.

Le seul regret, peut-être, que l'on peut nourrir à son endroit est qu'il n'a pas su ou pu tourner avec Maurice Pialat, Claude Chabrol, Alain Resnais, Louis Malle ou encore François Truffaut.

À la fin des années 1970, deux acteurs écrasent le marché : Gérard Depardieu et lui. Tous deux sont défendus par Artmedia, du reste. Ils accaparent tous les rôles, comme l'ont fait avant eux Jean-Paul Belmondo et Alain Delon dans les années 1960 et au début des années 1970. Patrick Dewaere a en outre le mérite d'être très populaire, sans doute plus que son ami et rival Gérard Depardieu à la même époque, qui tourne beaucoup de films d'auteur. Quand il part pour toujours, à trente-cinq ans seulement, en cette terrible année 1982 (comme Romy Schneider, Grace Kelly, Jacques Tati ou Ingrid Bergman), Patrick laisse un vide immense dans le cinéma français, qui n'a jamais été comblé depuis. Ce n'est pas un hasard si, aujourd'hui encore, quantité de jeunes comédiens se réfèrent à son jeu intense et naturel et voient en lui un modèle à suivre… les excès en moins.

E

Évolution (du métier)

« On ne ment pas à une actrice,
on lui cache la vérité. »

Quand je me suis lancé dans la direction de casting, j'ai pris cela comme un jeu grandeur nature. Que ce soit avec les cinéastes, les producteurs, les actrices ou les acteurs. Qui pour quel rôle ? Du pur plaisir. Presque une récréation perpétuelle. À un moment, cependant, j'ai voulu cesser de m'amuser. Il y a un temps pour grandir. Je suis sorti de mon adolescence prolongée. Je suis devenu agent. Et je me suis efforcé d'accompagner au mieux la carrière de mes « talents ». C'est à partir de là que mes ennuis ont commencé : chaque matin, j'avais une bonne et une mauvaise nouvelle. L'idéal étant d'équilibrer les plateaux de la balance à la fin de la journée. Hélas, ladite balance penchait souvent du mauvais côté. Et puis vous passez votre temps à jongler avec de petits mensonges pour ne pas peiner inutilement vos protégés : « On ne ment pas à une actrice ; on lui cache la vérité », entend-on un moment dans la série *Dix pour cent.* Nuance capitale du métier, mais si fatigante à la longue…

En parallèle de ma vie d'agent, je n'ai cessé de jouer la comédie bien que je n'aie jamais vraiment cherché à devenir acteur. Je connaissais mes limites. Et puis, pour être un grand acteur, il faut soit s'aimer trop, soit pas du tout. Or, je pense être dans un entre-deux : je m'aime un peu et je ne me déteste pas tout à fait. Quand je suis arrivé à Paris, à l'automne 1973, je n'avais pas exactement le profil d'un jeune premier classique ni celui d'un valet de comédie. Voilà pourquoi j'ai tenté à dix-neuf ans le concours de la Rue Blanche (Ensatt, École nationale supérieure des arts et techniques du théâtre) dans la section « Mise en scène/régie/administration ». À ma grande surprise, j'ai été reçu du premier coup. J'étais heureux d'intégrer cette grande famille des artistes du théâtre, de baigner dans un univers qui me faisait rêver depuis longtemps, fût-ce dans une section « technique ». Dans ma promotion, je côtoyais tous les jours Christophe Malavoy, Catherine Frot, Jean-Pierre Darroussin, Fanny Cottençon, Évelyne Bouix, etc. Et tous ont réussi à percer. J'ai commencé ainsi sur les planches, en assistant les metteurs en scène de l'époque, dont le très moderne Gérard Vergez. Il m'arrivait de faire de la figuration à la Comédie-Française sans avoir intégré la vénérable maison. Mais en dépit d'encouragements flatteurs, je ne me suis pas laissé monter la tête, si bien que je n'ai pas été amer par la suite. Je suis resté lucide : ces marques de soutien flattaient mon ego mais ne me garantissaient nullement une carrière d'acteur de premier plan sur les planches. Je pensais à la chanson de Charles Aznavour *Je m'voyais déjà...*

Au cinéma, j'ai tourné dans une soixantaine de films. Et, curieusement, le manège tourne toujours pour moi. Cela fait presque cinquante ans que cela dure. Souvent des petits rôles, voire des caméos mais parfois des seconds rôles valorisants, comme dans *Un sac de billes*, de Jacques Doillon ; *À nos amours*, de Maurice Pialat ; *Rien que des mensonges*, de Paule Muret ; *Mensonge*, de François Margolin ; *Je vous aime*, de Claude Berri ; *Grosse Fatigue*, de Michel Blanc ; ou *C'est le bouquet*, de Jeanne Labrune ; *Pédale douce*, de Gabriel Aghion ; *La Cité de la peur*, d'Alain Berbérian ; *Astérix et Obélix : Mission Cléopâtre*, d'Alain Chabat (où je joue le goûteur) ; *Seize Printemps*, de Suzanne Lindon ; et même *Happy End*, de Michael Haneke. Pour ce dernier film, du reste, je me souviens avoir sué sang et eau à la quarantième prise d'une de mes scènes avec Jean-Louis Trintignant ! Ce pas de côté devant une caméra a souvent fait rire mes talents, même si certains me taquinaient en me répétant que pendant ce temps je ne m'occupais plus d'eux ! En revanche les autres agents – mes concurrents – le vivaient assez mal. Ils estimaient que je « volais » un rôle à quelqu'un qui en aurait eu bien besoin.

Être producteur (*Avant l'aube*, *Je suis un soldat*, *Les Éblouis*, *Perfect Mothers*, etc.), c'est autre chose. Tension permanente. Pression maximale. Mais liberté totale proportionnelle aux risques encourus. Je suis directement exposé au succès ou à l'échec d'un film. Il faut être prêt à assumer. J'avais fait le tour de ma vie d'agent. Je n'étais plus en joie le matin en songeant à tous les soucis qui m'attendaient. J'ai donc entamé concrètement ce nouveau cycle en 2007, à la veille de mes cinquante-trois ans. Heureusement, je ne partais pas de zéro pour cette reconversion. Pour moi, ce fut une suite logique, mais il me restait à en persuader mes futurs interlocuteurs. Je me rappelle ainsi avoir rencontré avec mon associé, Michel Feller, un responsable de la fiction de France 2.

Ce jour-là, nous venons lui proposer de participer à l'aventure d'un projet qui me tient particulièrement à cœur et que j'ai intitulé *10 bis, avenue George-V*, clin d'œil à l'adresse des bureaux d'Artmedia à mes débuts (10, avenue George-V) et à la notion d'itinéraire bis, de voie parallèle de délestage en cas de bouchon. C'est une idée de série relatant les relations compliquées entre les agents artistiques et leurs talents, nourrie évidemment des souvenirs savoureux de mes vingt et une années passées chez Artmedia. Ce jeune homme en costume cintré assez prétentieux nous écoute poliment avant de lâcher d'un ton péremptoire : « Ça ne plaira pas du tout à la chaîne. Ce n'est pas la peine d'insister. » En sortant, Michel et moi sommes abattus. « Ça promet, dis-je. Si ça commence comme ça, je reprends ma carte d'agent… » Quelques années plus tard, *10 bis, avenue George-V* deviendra *Dix pour cent* (merci, Danièle Thompson, pour ce titre formidable), et sur France 2 de surcroît ! Cela reste à ce jour ma plus grande fierté professionnelle : je n'ai jamais abdiqué alors que personne n'y croyait. Grâce à Cédric Klapisch, qui s'est emparé du projet et a défini tout l'habillage artistique, ce rêve est enfin devenu réalité, au point d'être un jour récompensé aux International Emmy Awards américains par le prix de la meilleure comédie pour la saison 4.

En attendant, passé la douche froide dans les couloirs de France Télévisions, Michel et moi avons la chance d'être soutenus par une poignée de producteurs, dont Pascal Caucheteux, le cofondateur de Why Not Productions, l'homme qui a financé les projets d'Arnaud Desplechin, de Jacques Audiard, de Xavier Beauvois ou de Bruno Podalydès. Nous sommes aussi encouragés par Éric et Nicolas Altmayer, les deux frères à la tête de la société Mandarin Films, laquelle a produit certains des longs-métrages de François Ozon, Rémi Bezançon, Bertrand Bonello, Fabien Onteniente ou encore Michel Hazanavicius. *Idem* avec Sylvie Pialat, qui s'est lancée dans la production quelques années seulement avant nous, et Jean-Louis Livi, mon mentor, et Thomas Langmann, l'héritier cinématographique de Claude Berri, ma bonne étoile.

Depuis que je suis devenu producteur, je m'amuse de voir l'évolution du métier de directeur de casting. Aujourd'hui, tout se passe par vidéos interposées. Les actrices et les acteurs envoient des petites capsules de quelques minutes filmées à l'aide de leur téléphone portable. Fini les déjeuners et les rencontres organisées. Si le casting a perdu sa dimension « humaine », de l'autre côté, les jeunes ont perdu une certaine humilité. À présent, ils veulent briller alors qu'ils n'ont encore rien prouvé. Ils rêvent de célébrité avant de chercher à s'améliorer. Et, plus grave, ils n'ont plus la curiosité de s'inspirer de leurs glorieux aînés pour nourrir leur ambition. On vit décidément une drôle d'époque, non ?

F

Faits (divers)

« La justice criminelle est un spectacle malsain dont les gens se repaissent depuis la nuit des temps. »

J'ai toujours été fasciné par les faits divers. Je ne rate jamais un numéro de l'émission *Faites entrer l'accusé*, ni n'oublie de lire les chroniques judiciaires dans *Paris Match*. Ce n'est pas très glorieux, j'en conviens, mais j'ai cette coupable inclination pour les crimes sordides, crapoteux. Toutes ces affaires qui défraient la chronique me touchent parce qu'elles dévoilent la noirceur de l'âme humaine à la manière d'une tragédie grecque. Elles mettent à nu les pulsions, les tentations et les émotions exacerbées des individus. Toutes celles qu'ils pensent refréner ou dompter chaque jour mais qui parfois les submergent jusqu'à les pousser à commettre l'irréparable. La notion même de « passage à l'acte » m'intrigue au plus haut point.

J'ai découvert l'envers de ce monde-là un peu par hasard lors du tournage de *La Drôlesse*, de Jacques Doillon, en 1979. J'étais assistant et accessoirement acteur dans un second rôle. Jacques m'avait demandé de mener une enquête auprès de la véritable petite fille séquestrée dans le Marais poitevin dont le film relatait l'histoire. Pendant un mois, j'ai ainsi sillonné la Charente, rencontré tous les protagonistes de l'affaire et, je dois avouer, j'ai aimé cela : m'immerger dans les méandres d'un fait divers bien plus complexe qu'il n'en avait l'air. Voilà pour mon initiation. Quelques années plus tard, je rejoindrais un réseau bénévole de visiteurs de prison en banlieue parisienne.

Grâce à un ami avocat pénaliste d'Angoulême – Lionel Béthune de Moro, le « Dupond-Moretti » de la Charente –, j'ai eu récemment la possibilité d'assister à une session de cour d'assises. C'était horrible ! J'ai notamment suivi un procès où une femme laissée-pour-compte assistée de ses deux complices marginaux en est venue à assassiner sauvagement un homme dans une cave avant de le découper en morceaux puis de brûler son corps dans un terrain vague. Comment peut-on défendre les auteurs d'une telle barbarie ? ai-je pensé. Où subsiste leur part d'humanité ?

Dans la vaste salle de la Cour, c'était glaçant, mais pour d'autres raisons. Des dizaines d'anonymes allaient et venaient sans aucun respect pour la solennité des lieux ni la gravité des propos tenus dans l'enceinte. Certains avaient le nez plongé dans leur portable, d'autres bâillaient à s'en décrocher la mâchoire et d'autres encore commentaient les rebondissements à la manière d'un match de tennis. Les gendarmes en faction mâchaient leur chewing-gum, indifférents aux débats. Les jeunes avocates – qui m'ont immédiatement fait penser à Rachida Dati – portaient des Louboutin et des tailleurs hors de prix. Je les imaginais aller se déhancher sur les *dancefloors* d'une boîte sélecte, jusqu'au bout de la nuit, le soir après l'audience. La justice criminelle est un spectacle malsain, hélas, dont les gens se repaissent depuis la nuit des temps. À l'accueil, deux retraitées pomponnées et tout excitées – des fidèles de mon festival d'Angoulême – m'ont lancé en me voyant : « Vous êtes là aussi, Dominique ? Nous, l'hiver, nous faisons toujours les assises ! » Cela sonnait comme une évidence pour elles : une salle chauffée, un show gratuit, du suspense et des larmes… Que demander de plus pendant la morne saison ? Ces femmes sans âge s'épargnaient tout de même les affaires les plus glauques ou les plus crapuleuses pour ne pas se « démoraliser » tout à fait avant d'aller prendre le thé entre copines et de refaire le procès entre deux gorgées.

J'aime évidemment beaucoup les films noirs, les films de procès avec effets de manche, confessions poignantes et pièges rhétoriques tendus par des avocats faussement naïfs. J'aime l'idée qu'il n'existe pas de crime parfait comme dans *Symphonie pour un massacre*, de Jacques Deray, en 1963, où Jean Rochefort, un gangster qui a éliminé ses trois complices, baisse un instant la garde, croyant avoir gagné la partie, avant d'être abattu par méprise par Michèle Mercier lors de l'ultime scène. J'aime le grain de sable qui dérègle la mécanique de l'entreprise criminelle.

G

Genre

« Nous basculons en ce moment, collectivement, dans l'outrance en allumant la guerre des sexes. »
« Ce qui est beau dans les relations humaines, ce sont les nuances, les dégradés, les clairs-obscurs. »

On a beaucoup dit que j'étais un « agent à femmes ». De fait, j'ai toujours été un meilleur agent pour les actrices que pour les acteurs. Sans doute suis-je plus fasciné par les femmes bien que je sois plus attiré par les hommes. Entre ma mère – une « femme forte » avant l'heure –, ma tante, ma marraine, Mme Schœnfeld, ma professeure de français du lycée ou encore « Mlle Gisèle », ex-mannequin chez Molyneux, fidèle cliente de mes parents, qui m'emmenait faire un tour dans son Alfa Romeo bleue décapotable, j'ai grandi dans un monde où les figures féminines qui m'entouraient m'ont épaté au quotidien. Et puis, inconsciemment peut-être, j'ai été toute ma vie à la recherche de ma sœur ; cette sœur qui avait sept ans de plus que moi et qui n'a jamais su vraiment m'accepter... Elle voulait un petit frère, elle en avait eu deux d'un coup. Marlène Jobert et Nathalie Baye ont sans doute été mes « sœurs idéales ».

Plus tard, quand j'ai effectué mes premiers pas dans l'univers du casting, j'ai naturellement été bluffé par Margot Capelier, la pionnière du métier en France dans les années 1960, celle qu'on surnommait « la reine Margot » ou « la papesse du casting ». À mes débuts, je trouvais plus facilement des rôles pour les femmes que pour les hommes. Par la suite, une fois agent, je préférais écrire à Marlène Jobert ou à Nathalie Baye qu'à Jean-Claude Brialy. Question de sensibilité sans doute, de franchise aussi... Avec les femmes dont je m'occupais les rapports s'avéraient plus francs, plus directs, plus fluides. Notre collaboration était instinctive. Ce n'est pas un hasard si la plupart des femmes cinéastes de l'époque voulaient travailler avec moi : Claire Denis, Claire Devers, Catherine Corsini, Marion Vernoux, Nadine Trintignant, Josée Dayan, etc. Je me souviens qu'en 2012, au Festival d'Angoulême, j'avais eu l'idée de réunir autour du président du jury, Denis Podalydès, un parterre composé uniquement de femmes : Marthe Keller, Audrey Dana, Marie-Josée Croze, Natacha

Régnier, Raja Amari, Florence Ben Sadoun, Sonia Rolland et Désirée Nosbusch. Me connaissant, personne n'avait été vraiment surpris alors que ce type d'initiative n'était pas du tout dans l'air du temps, comme maintenant.

À tout juste dix-sept ans, je me souviens avoir été marqué par le « Manifeste des 343 salopes » paru dans *Le Nouvel Observateur* d'avril 1971. Je trouvais que ces femmes, anonymes pour la plupart, célèbres pour certaines (Gisèle Halimi, Simone de Beauvoir, Catherine Deneuve, Delphine Seyrig, Alexandra Stewart, Agnès Varda...), s'étaient montrées très courageuses de témoigner ainsi à visage découvert : elles avouaient avoir avorté alors que c'était illégal et que chacune risquait des poursuites pénales avec peine de prison à la clé. J'avais même découpé les pages du magazine pour les garder précieusement. Sans doute devais-je trouver mon acte de désobéissance civile particulièrement héroïque...

Aujourd'hui, cinquante ans plus tard, je ne reconnais plus rien. Je trouve certaines des féministes qui accaparent la lumière médiatique depuis l'ère #MeToo singulièrement virulentes. Elles poussent le curseur beaucoup trop loin, desservant finalement la cause qu'elles prétendent défendre. Est-ce là la conséquence d'une radicalité verbale venue des États-Unis ? Les Caroline De Haas, les Raphaëlle Rémy-Leleu, les Alice Coffin, les Sandrine Rousseau semblent toutes détester les hommes, voyant en chacun d'eux une menace sexuelle potentielle. Or, on ne peut pas promouvoir et parvenir à l'égalité des genres si l'on oppose systématiquement le féminin au masculin. Toutes ces pasionarias des plateaux télé manquent de nuance. Électriser le débat salit tout le monde. Prétendre qu'un homme sur trois est un prédateur est à la fois faux et dangereux. Où sont passées nos Jeanne Moreau et Delphine Seyrig pour ramener tout le monde à la raison ? Moi, j'aime les femmes qui aiment les hommes ou du moins celles qui ne conçoivent pas de vivre sans eux. *A contrario*, j'ai peur de ces militantes acharnées qui prônent une forme de communautarisme sexuel qui ne dit pas son nom. Il me revient ici la réplique géniale de Marlène Jobert à l'attention d'une féministe survoltée dans le film *Juliette et Juliette*, de Rémo Forlani (1974) : « Quand vous aurez supprimé les hommes, qui fera des filles aux femmes ? »

Que l'on me comprenne bien : je condamne fermement les discriminations sexistes et toute forme d'agression sexuelle. Mais, attention, nous basculons en ce moment collectivement dans l'outrance en allumant une « guerre des sexes » qui ne laissera que des perdants. Je me souviens que personne n'avait compris la sortie de Catherine Deneuve, en janvier 2018, quand elle revendiquait, avec une centaine de femmes signataires de sa tribune dans *Le Monde*, une « liberté d'importuner de la part des hommes », autrement dit la drague. Or, les propos de Catherine étaient subtils. Mais peut-être que notre société crispée, confite dans sa culture du clash et des joutes oratoires stériles, n'est plus capable de saisir ce genre de discours nuancé ? Aujourd'hui, on cloue au pilori d'un clic, on éructe anonymement sur des réseaux sociaux suintant la haine et l'aigreur, on lynche avant que la justice n'ait pu se prononcer sereinement sur le fond. C'est une horreur ! Pourquoi ces féministes enragées ne se déchaînent-elles pas plutôt contre un Zemmour, dont la misogynie est telle qu'elle semble irréelle même si, hélas, elle est partagée par ses soutiens et ses sympathisants et qu'il a réuni deux millions et demi de voix sur son nom à la présidentielle de 2022 ?

En tant qu'homosexuel, je devrais aimer toutes les lesbiennes. Pourtant, je trouve certaines d'entre elles souvent trop agressives, trop éruptives à l'égard des hommes. Or les hommes, je les aime ! Au fond, j'aime les homosexuelles féminines, élégantes et raffinées, un peu *old school*, telles Edwige Feuillère ou la troublante Gaby Sylvia (*Nous irons tous au paradis*, d'Yves Robert). J'en veux à nos féministes actuelles vindicatives car elles ont cassé quelque chose dans les rapports hommes/femmes.

Sans doute suis-je un éternel romantique, mais je déplore la disparition de la notion de « conquête » du champ amoureux. Il ne s'agit plus de séduire l'autre mais de satisfaire ses pulsions, répète à l'envi le discours ambiant. Or un dragueur n'est pas un violeur ! Et cela, les mouvements lesbiens ne veulent pas l'entendre. Pourtant ces milieux ne sont pas exempts des mêmes comportements. Le grand public sait-il par exemple qu'une productrice a été relaxée par la Justice après avoir été accusée manifestement à tort d'avoir agressé sexuellement une comédienne lors d'une soirée ? Heureusement les choses ont tout de même évolué depuis « le monde d'avant » si décrié où une actrice devait « coucher » pour décrocher tel ou tel rôle.

Il y a quarante ans, lors du casting du film *Diva* (Jean-Jacques Beineix) dont j'avais la charge, je me revois encore évoquer avec le directeur de production le cachet de Chantal Deruaz, une actrice promise à un second rôle. Je m'étais entendu répondre sèchement : « J'espère qu'à ce prix-là on la baise ! » Indigne, non ? Mais tellement révélateur des mentalités de certains à l'époque. Plus grave, on se souvient tous dans le milieu de l'attitude vicieuse et lubrique de Jean-Claude Brisseau (*Noce blanche*, *L'Ange noir*, *Choses secrètes*, etc.). Ce réalisateur exigeait de ses jeunes actrices qu'elles se déshabillent et se masturbent devant lui sous prétexte de leur faire passer un bout d'essai devant la caméra. Heureusement, l'homme a été condamné pour « harcèlement sexuel » et c'était bien avant #MeToo. Et que dire du libidineux Jean C., l'un des scénaristes-dialoguistes d'Yves Boisset et d'André Cayatte ? Un jour, une actrice à qui il avait arraché de force son tee-shirt m'avait appelé en larmes d'une cabine publique. Ces quelques cas choquants ne sauraient toutefois se confondre avec l'attitude de certains réalisateurs ou producteurs jugés certes très entreprenants mais somme toute inoffensifs, une fois qu'on a opposé un refus ferme et catégorique à leurs avances explicites.

Sortons des caricatures, ne cédons plus au dogmatisme. Le milieu ne regorge pas uniquement d'obsédés sexuels. Ce qui est beau dans les relations humaines, ce sont justement les nuances, les dégradés, les clairs-obscurs. Le jeu de la séduction douce. Or, aujourd'hui, j'ai bien peur, hélas, que nous ne nous soyons fourvoyés à notre insu dans une impasse relationnelle.

H

Houlgate

« C'est là désormais, dans cet emblème de la Belle Époque, que je me ressource. »

Aujourd'hui, j'ai l'impression de la redécouvrir… Longtemps, pourtant, j'ai entretenu de drôles de rapports avec Houlgate. Un mélange d'attirance et de rejet.

Fin du printemps 1960. Quand je suis arrivé à l'âge de six ans dans cette petite station balnéaire normande à mi-chemin de Deauville et de Cabourg, mes parents, commerçants, ont tout de suite été accaparés par la reprise de l'épicerie La Normande, où ils vendaient de tout. Ils n'étaient pas propriétaires, seulement gérants. Et il leur fallait préparer au plus vite la haute saison touristique qui se profilait. Pour avoir les mains libres et prendre leurs marques plus sereinement dans ce nouvel environnement, ils nous ont envoyés, mon frère et moi, chez notre oncle et notre tante à la campagne à Vire, à une centaine de kilomètres. Madeleine, la sœur de mon père, était grainetière et en manque d'enfants. Aussi était-elle comblée d'héberger pendant quelque temps les jumeaux de la famille. Mon « exfiltration » a bien duré quatre mois.

Cet été-là, Houlgate ne m'a, pour ainsi dire, pas été « présentée ». J'étais censé y vivre mais je n'y avais pas encore vraiment mis les pieds. Je me sentais un peu de nulle part. De sorte que mes premiers souvenirs remontent à l'automne 1960. J'ai découvert Houlgate à la morte-saison. Ciel bas, plage déserte et volets clos. Quand on a six ans, c'est tout de suite déprimant. Ce n'était pas encore l'ère des RTT et des réfections coûteuses des belles villas par des Parisiens aisés. Le Grand Hôtel face à la mer se délitait lentement mais sûrement. L'édifice n'était pas encore inscrit à l'inventaire des Monuments historiques. Il serait un jour scindé en appartements. Les commerces tournaient au ralenti. Il n'y avait pas âme qui vive le soir dans les rues. On aurait dit le couvre-feu. La première impression est toujours tenace.

J'allais à l'école communale. Je portais une blouse grise. Mon frère, Daniel, était beaucoup plus brillant que moi en classe, mais ça ne me dérangeait pas. Sur la suggestion de notre instituteur, on a fini par nous séparer, ce qui n'était pas plus mal finalement. Daniel a sauté une classe. L'été, au lieu de profiter du retour à la vie dans la ville, Daniel et moi étions envoyés en colonie de vacances à Pont-L'Évêque, car mes parents travaillaient d'arrache-pied. Si bien que, jusqu'à l'adolescence, je n'ai jamais profité du Houlgate de carte postale que tout le monde connaît. Pour moi, Houlgate revêtait les traits de son casino, l'hiver : joli quoique endormi et somme toute riquiqui. Entre octobre et avril, je n'allais pas flâner sur la plage, contrairement à Daniel qui semblait y passer sa vie. Peut-être redoutais-je inconsciemment d'être emporté par les vagues. En ce temps-là, beaucoup de faits divers rapportaient des noyades d'enfants. Pour me distraire, je fréquentais le patronage où l'on nous montrait des films de « patrimoine » et où je montais sur les planches avec les copains pour jouer *Les Femmes savantes*. J'assistais aux enregistrements en plein air des podiums Europe n° 1, dont mon père relayait la venue en placardant des affiches un peu partout. J'ai pu applaudir Dalida et les vedettes des yé-yé. J'aimais admirer les concours d'élégance où des femmes superbes, escortées de leurs chiens pomponnés, paradaient dans de vieilles automobiles rutilantes. Enfin, j'allais aussi souvent que je pouvais au cinéma qu'abritait le casino.

Quand j'ai eu quinze ans, j'ai demandé la permission à mes parents de les aider à « faire la saison ». L'été, je travaillais ainsi au magasin. J'aimais le contact avec la clientèle, j'aidais du mieux que je pouvais, j'étais un peu la coqueluche des fidèles. Je faisais mon petit numéro. Avec mon argent de poche, je filais à Cabourg chez l'unique disquaire pour m'offrir les 45 tours de mes idoles, Sylvie Vartan en tête, celle qui fut « ma » star ces années-là. Le soir et le week-end, je lisais *Salut les copains*, *Ciné Revue* et les pièces de théâtre que l'on montait avec mes amis de notre troupe amateur ou en voyais grâce à notre professeur de français du lycée de Deauville. Bien sûr, je regardais la télévision tant et plus, au point de connaître tous les programmes, d'être aussi incollable qu'une speakerine.

Deauville, c'était la grande ville. Celle de l'émancipation, des premiers émois sérieux, des solides amitiés naissantes, des surprises-parties. Je prenais le car le matin et le soir. Houlgate ressemblait de plus en plus à l'écrin de mon enfance, à ces années de solitude et d'ennui que je voulais laisser derrière moi. Je ne rêvais plus que de théâtre et de Paris. Je me préparais au grand départ. Peu après mon installation dans la capitale, mes parents déménagèrent à leur tour. Ils s'installèrent en 1977 à Falaise, une ville moyenne du Calvados située à soixante-cinq kilomètres au sud, dans les terres. Plus rien ne me rattachait désormais à Houlgate, que je pensais ne jamais revoir.

Milieu des années 1980. Je suis directeur de casting. L'écrivain Gonzague Saint Bris a fondé il y a peu à Cabourg le Festival du film romantique. La première fois que je m'y rends, je pense tout de suite à effectuer un petit pèlerinage à Houlgate, distante d'à peine quatre kilomètres. C'est comme une grande bouffée de passé, à la fois nostalgique et amusée. Un rituel auquel je ne dérogerai plus avec les années.

Il faut croire que mon histoire avec Houlgate n'était pas terminée. Quand j'ai cédé une partie de ma société de production (Monvoisin Productions) à la firme Mediawan, à l'automne 2018, j'ai très vite décidé d'affecter le fruit de la vente à un achat immobilier. J'ai d'abord songé à m'installer à Angoulême avant de me raviser : mon frère, Daniel, n'était pas au mieux et lui-même était retourné depuis quelque temps à Houlgate. Ce fut le déclic. Soudain, la décision s'est imposée à moi comme une évidence. Il me fallait trouver un pied-à-terre là-bas. J'y suis donc retourné en 2019 et j'ai été conquis. J'ai vu une bourgade coquette et animée. À soixante-cinq ans, j'ai eu le coup de cœur pour l'endroit où je traînais les pieds un demi-siècle auparavant. Comme si ce très long désamour s'était dissipé d'un coup, comme on arrache un voile. Et tant pis si l'épicerie de mes parents était devenue une supérette dans l'air du temps ! La chance s'en est mêlée. J'ai pu acquérir un appartement en rez-de-chaussée dans l'ex-Grand Hôtel, transformé en immeuble d'habitations. Les propriétaires devaient s'en séparer en urgence. Une affaire immanquable. C'est là désormais, dans cet emblème de la Belle Époque, fierté architecturale de la Côte fleurie, que je me ressource. À deux pas du casino d'hiver, qui abritait le cinéma de mon enfance… et à deux pas aussi – clin d'œil savoureux – de la villa que possédaient les frères Lumière, les inventeurs du septième art ! Le seul souci est que bon nombre de mes amis de l'époque qui me revoient maintenant régulièrement m'interpellent souvent : « Tu te souviens, Dominique ? » Hélas, je ne me rappelle rien ! Une chose est sûre : c'est là que je souhaite être enterré. Il ne me reste plus qu'à trouver une jolie concession pour ma demeure éternelle.

I

Inclination (amoureuse)

« Mon homosexualité n'a jamais vraiment été un problème. »
« Si l'homosexualité a conquis le champ culturel, la réalité quotidienne n'est, hélas, pas aussi rose. »

Dans la France du milieu des années 1960, on ne parlait pas trop de ces choses-là. Un garçon qui aime les garçons… On ne le formulait pas de peur, peut-être, de faire advenir la chose si jamais elle était dite et répétée. Le fait est que, du plus loin que je m'en souvienne, je me suis toujours senti différent des autres. Mon premier émoi ? Ce fut un camarade de classe, un certain Jean-Marc P., un fils de divorcés parisiens – une double rareté à l'époque – placé en pension dans une famille d'Houlgate. Avec ses beaux yeux bleus et ses cheveux blonds-roux, il me faisait penser à Steve McQueen jeune dans la série télé *Au nom de la loi*. Parce qu'il était stigmatisé par les autres dans la cour de récré (contrairement à moi), je m'étais beaucoup rapproché de lui. C'était mon ami avant d'être mon amoureux secret. Et pas de touche-pipi s'il vous plaît ! Par la suite, durant mes années collège à Dives-sur-Mer, j'ai été attiré, sans me l'avouer explicitement, par mon professeur de mathématiques. Et pourtant, j'étais nul ! Je détestais cette matière... qui me le rendait bien. En revanche, cet enseignant – monsieur H. – me troublait. Il me semble – mais est-ce un jouet de mon imagination avec les années ? – que cet homme entretenait avec moi des rapports sadomasochistes étranges. Il lui arrivait, pour me punir de ma nullité, de m'obliger à m'agenouiller de longues minutes sur une règle en métal. Aujourd'hui, ce genre de traitement serait assimilé à des sévices sur mineur... Cependant, je n'arrivais pas à le détester. Avait-il décelé en moi cette attirance pour lui et plus généralement pour le genre masculin ? Était-il lui-même homosexuel ? Je ne le saurai jamais. Des années après, je l'ai revu par hasard dans la boutique de mes parents lors d'un séjour à Houlgate, et H. m'a confié qu'il avait été « un peu dur avec moi » à l'époque. Il se souvenait donc de tout...

En parallèle, je rencontrais un certain Norbert G., inspecteur d'académie de son état et accessoirement peintre du dimanche. Aujourd'hui encore, avec le recul, je me dis que mes parents ont été bien naïfs. En ce temps-là, on craignait moins les pédophiles que les rapts d'enfants contre rançon. La France était encore traumatisée par l'enlèvement, en avril 1960, du petit Éric Peugeot, âgé de quatre ans et demi. Toujours est-il que cet honorable G., qui était également un des clients fidèles de l'épicerie familiale, avait lancé un jour dans la boutique : « J'aimerais peindre votre fils si vous me le permettez ! » Ni une ni deux, je fus convoqué à venir « poser » dans le sous-sol de sa maison. Quelle ne fut pas ma surprise de découvrir alors un autre garçon, du même âge que moi, prêt lui aussi à servir de modèle non conventionné. Ce qui était un petit peu malsain c'est que nous avons dû poser en slip, dos contre dos, ou bien la tête de l'un sur l'épaule de l'autre, etc. G. semblait aux anges. Nous deux, mannequins de circonstance, nettement moins…

Si étonnant que cela puisse paraître, mon homosexualité n'a jamais été vraiment un problème. Pas même avec mes parents. Ont-ils deviné ? Ont-ils compris intuitivement sans me le demander expressément ? J'ai d'abord eu la chance, pour me construire sentimentalement, de ne pas être ostracisé chez moi, à un âge où on est encore fragile émotionnellement. Et puis peut-être que ma mère ne voulait pas d'une belle-fille, après tout… Avec ma sœur, Sophie, cependant, ce n'était pas douceur et bienveillance. Je crois qu'elle me battait froid précisément pour cela. Elle avait senti que je préférais les garçons quand bien même j'avais eu quelques petites histoires avec des filles. Et elle, qui était passée par la pension très comme il faut Marie-Joseph à Trouville, ne semblait tout simplement pas le supporter physiquement.

Dans la France du début des années 1970, qui était bien moins tolérante que l'actuelle qui ne l'est pourtant pas tant que ça, il n'était pas évident d'assumer ouvertement ses préférences sexuelles, dès lors que celles-ci sortaient de la norme bourgeoise. On écoutait Maxime Le Forestier et Catherine Ribeiro sur nos Teppaz mais on ne faisait pas les malins avec ça. Une fois à la Rue Blanche, heureusement, j'ai pu baisser la garde. Un vent de sensualité soufflait. Je rêvais de vivre une histoire à la Peter Finch et Murray Head dans *Un Dimanche comme les autres* (1971), de John Schlesinger, où un homme embrasse un autre homme sans être une caricature de « folle ». Mais je ne m'étourdissais ni au Sept, la boîte de nuit spéciale « garçons » proche du Palais-Royal, ni au Trap, le cabaret de la rue Jacob avec son bar au rez-de-chaussée et sa *backroom*, à l'étage, où certains copulaient frénétiquement dans le noir sans toujours savoir avec qui.

Ma première histoire d'amour remonte à 1975 pendant la préparation de la mini-série télévisée *Ces grappes de ma vigne*, réalisée par Alain Quercy, le père de deux de mes copains de Deauville. Le réalisateur me demande de l'aider à distribuer les rôles. Il sait que je fais de la figuration ici ou là et que je commence à connaître du monde. Pour le personnage principal, je pense aussitôt à Jean-Luc B., vingt-sept ans, un pensionnaire de la Comédie-Française d'une beauté renversante, au profil de dieu grec et aux yeux si clairs qu'ils en sont presque aveuglants. Je file au Conservatoire. Je l'aborde avec le culot de mes vingt ans, le cœur battant. B. semble partant. Le projet lui plaît. Il n'a pas d'autre engagement. Le Français serait d'accord pour le libérer. Bientôt, il rencontre Quercy et signe son contrat. J'ai réussi mon coup.

Pour me remercier, B. m'invite à dîner. À la fin de la soirée, il insiste pour me raccompagner dans ma chambre de bonne du XVIIe arrondissement. Dans sa Coccinelle bleue, il me dit : « Tu sais, je fais le film aussi pour toi. » Je suis sous le choc. Sitôt entrés dans ma chambre mansardée, il m'enlace, m'embrasse et entreprend de me déshabiller. C'est ma première fois ! À cet instant précis, je me dis que j'ai bien fait de résister aux avances des acteurs libidineux beaucoup plus âgés que j'ai rencontrés jusque-là. Je suis comblé même si B. doit me quitter avant le lever du jour. « Dominique, me dit-il en tirant la porte, on va avoir une histoire tous les deux. Mais il faut que personne ne le sache. Les gens ne connaissent pas ma vie. » Cette nuit-là, affalé sur mon lit, j'ai pleuré de bonheur pendant une demi-heure. Je me suis senti libéré d'un poids. J'aimais et j'étais aimé en retour. J'apprendrais peu après que B. vivait en couple avec un autre comédien du Français. Qu'importe ! Lui et moi allions vivre une liaison passionnée en pointillé pendant presque dix-huit mois. Le plus drôle est que dans le feuilleton *Ces grappes de ma vigne*, je joue son fils alors que nous n'avons que sept ans d'écart ! Après les prises de vues, quand nous nous retrouvons dans l'appartement loué pour le tournage, B. me dit : « C'est quand même dément le cinéma : père et fils la journée, amants le soir. »

Il a été mon premier amour. Intense et fragile. Je ne l'ai jamais oublié. On se voyait tous les dix jours environ. Je préférais cette histoire inaboutie à pas d'histoire du tout. J'étais heureux. Et puis, un jour, sur le tournage d'*Un sac de billes*, de Jacques Doillon, je suis tombé amoureux de D. S., un Allemand d'une grande beauté. Jean-Luc a accouru pour tenter de me retenir. Mais c'était trop tard. Je prenais mon envol. Irrémédiablement. Je voulais enfin vivre une histoire d'amour au grand jour, sans honte ni reproche désormais. J'étais un homosexuel épanoui. Jean-Luc est demeuré toutefois un ami fidèle jusqu'à sa mort, au milieu des années 1990.

Pendant le tournage, en ex-Yougoslavie, en 1983, des *Cavaliers de l'orage*, de Gérard Vergez, avec ma chère Marlène Jobert, Gérard Klein et Wadeck Stanczak, je fais la connaissance d'un homme, ex-basketteur de haut niveau, chauffeur des figurants locaux. Fasciné par ce Slave aux traits très masculins nommé Tihomir, je m'arrange avec le directeur de production pour qu'il soit promu chauffeur de Marlène. Aussitôt dit, aussitôt fait. Voilà Tihomir, presque avec livrée et casquette, en train de véhiculer la vedette. Je tombe amoureux. J'apprends qu'il a une fiancée. Un soir, au cours d'un dîner en tête à tête, il me lance : « Je veux passer la nuit avec toi. » Par la suite, Marlène me dira en rigolant : « En fait, c'est ton chauffeur, pas le mien. Il s'occupe surtout de toi, non ? » Quand le tournage s'est achevé, il a bien fallu songer à rentrer. Mon histoire de quelques mois avec Tihomir touchait à sa fin. En ce temps-là, on ne franchissait pas le rideau de fer d'un claquement de doigts. Aussi nous sommes-nous retrouvés à Trieste, la ville portuaire italienne à la frontière de la Slovénie. Ce fut un week-end d'adieu, à la fois fabuleux et déchirant. Je découvrirai bien plus tard que Tihomir a combattu lors des guerres de Yougoslavie au début des années 1990 et qu'il a ensuite émigré à New York. De là-bas, c'est lui qui retrouvera ma trace via Facebook – vive les réseaux sociaux, pour une fois ! Il m'avouera s'être marié et avoir eu un enfant. « Dominique, me confiera-t-il, tu auras été le seul homme de ma vie. Ma seule et unique histoire avec un garçon. »

Curieusement, j'ai vécu mes plus belles histoires d'amour avec des hommes qui n'étaient presque jamais homosexuels. En même temps, je n'ai jamais voulu partager durablement la vie de qui que ce soit. Aujourd'hui encore, je ne me vois pas en couple. Je n'imagine pas que l'un « fasse l'homme » et l'autre, « la femme ». Quels horribles clichés ! Ça ne marche pas du tout comme ça. Au fond, reproduire le schéma d'un couple hétérosexuel ne me convient pas. Je suis singulier. Et j'entends le rester. Pourquoi devrais-je m'efforcer de copier une norme qui ne me correspond pas au risque de me rendre malheureux ? Mais, comme je suis pétri de contradictions, je ne me reconnais pas non plus dans l'exhibition outrancière, le côté festif forcé de la Gay Pride. Je n'aime pas trop cet étalage démonstratif militant. Sur ce point, j'apprécie la distinction et la finesse d'un Bertrand Delanoë, l'ancien maire de Paris (2001-2014), lequel n'a jamais caché ses préférences sexuelles mais n'en a jamais fait non plus un étendard trop voyant.

Ne l'oublions pas, nous vivons dans une société faussement tolérante. Si l'homosexualité a conquis le champ culturel, la réalité quotidienne n'est, hélas, pas aussi rose… Deux fois, il m'est arrivé d'être humilié et vilipendé publiquement. La première, c'était fin 2012 dans le métro, lors d'un épisode de la Manif pour tous, au moment de l'adoption de la loi ouvrant le mariage aux couples de même sexe. Juste avant de descendre, un homme en loden m'a jeté avec haine : « Sale pédé ! » Je n'ai pas cédé à la provocation. J'ai simplement changé de wagon. La seconde a eu lieu pendant l'un des samedis de manifestation des Gilets jaunes début 2019. J'étais devant la Comédie-Française. Soudain, j'ai entendu une voix : « Oh, il y a le pédé du cinéma ! » C'est peu et beaucoup à la fois. C'est sans doute encore le prix à payer pour vivre sa différence.

J

Jeanne (Moreau)

« Elle était généreuse avec ceux qu'elle aimait
mais se montrait intraitable
envers ceux qui la décevaient. »

Jeanne, c'est « Jackie » de *La Baie des Anges*. Jeanne la Fatale. Blonde platine dans le deuxième long-métrage de Jacques Demy, en 1963. Elle joue une femme fascinante sous l'emprise d'une passion dévorante pour le jeu au casino. L'héroïne mène grand train sur la Côte d'Azur et court à sa fin. J'ai neuf ans. Je n'ai pas tout compris, évidemment. Mais je suis hypnotisé. Cette « Jackie » ressemble tant à une Barbie ! Pour moi qui aime les actrices, c'est un peu là, dans une salle obscure face à Jeanne Moreau, que tout a commencé. Le film est en noir et blanc. Nice et son front de mer sont si photogéniques. Houlgate et son casino d'hiver, si loin…

Plus tard, je la vois dans *Le Dialogue des carmélites*. Le film de Philippe Agostini et Raymond Léopold Bruckberger est antérieur à celui de Demy. J'ai dû le découvrir plusieurs années après grâce au ciné-club du patronage que je fréquentais à Houlgate, où l'on s'échinait à nous montrer des « films de curés ». Jeanne n'y tient qu'un second rôle – celui de mère Marie de l'Incarnation – aux côtés d'Alida Valli, Pascale Audret et Madeleine Renaud. Mais comme toujours elle est juste, sobre, magnétique, sous la robe de bure de cette prieure emportée par la Révolution française. Femme fatale et religieuse. Jeanne est aussi à l'aise avec l'une qu'avec l'autre. J'adore.

Une fois à Paris, je comble mes lacunes. Merci la Cinémathèque ! Je découvre que Jeanne a campé l'inoubliable Josy, la belle garce de *Touchez pas au grisbi*. Je cours voir ses films avec Louis Malle (*Ascenseur pour l'échafaud*, *Les Amants*, *Le Feu follet*, *Viva Maria !*), ceux avec François Truffaut (*Jules et Jim*, *La mariée était en noir*) et Gilles Grangier (*Gas-oil*, *Trois Jours à vivre*, *Échec au porteur*). Je l'admire chez Joseph Losey (*Eva*) comme chez Luis Buñuel (*Le Journal d'une femme de chambre*), chez Roger Vadim (*Les Liaisons dangereuses*) comme chez Marcel Ophüls (*Peau de banane*).

Jeanne brille au cinéma et au théâtre aussi. Elle est magistrale à l'Espace Cardin dans la pièce de

Peter Handke *La Chevauchée sur le lac de Constance*. Une sorte de conte à la fois énigmatique et poétique où les comédiens sont grimés à la manière des expressionnistes allemands. Il y a là sur scène Gérard Depardieu, Michael Lonsdale, Delphine Seyrig et Sami Frey. Une distribution incroyable ! J'ai vingt ans. Je suis bluffé. C'est l'événement de l'année 1974 sur les planches. Deux ans après, elle se produit au théâtre de l'Athénée dans *Lulu*, de Frank Wedekind, dont Georg Wilhelm Pabst a fait un film muet mythique avec Louise Brooks en 1929. Et bien entendu, Jeanne interprète Lulu, celle par qui le scandale arrive…

Je la rencontre enfin un soir en marge d'un événement mondain parisien. Jusque-là, je ne l'ai vue qu'en « spectateur ». Je dois ce moment rare à Jacqueline Cormier. Femme de théâtre richissime – elle possède entre autres Édouard-VII, la Comédie et le Studio des Champs-Élysées –, cette mécène produit quantité de spectacles à compter du milieu des années 1970. Elle a tendance à surpayer « ses » comédiens, dont certains des jeunes talents dont je m'occupe. Jacqueline Cormier se comporte un peu comme monsieur Jourdain. Toujours entourée de gens importants. Elle se pique d'aimer la culture. Dans les dîners en ville, elle fait un tabac. Elle est drôle, assez fantasque. Jeanne a pour agent Georges Baume, l'imprésario qui a trouvé Alain

Delon et relancé Romy Schneider au tournant des années 1960.

Le temps passe. Ma relation avec Jeanne Moreau s'écrit au fil de l'eau, lors de rencontres impromptues. On ne se perd jamais de vue mais on n'est pas encore très liés. Je la retrouve notamment sur le tournage de *Plein Sud*, un drame d'un copain réalisateur d'à peine dix ans de plus que moi, Luc Béraud. Puis survient *La Nuit de l'océan*, tournée à la toute fin des années 1980. Antoine Perset en signe la mise en scène, Catherine Breillat en cosigne le scénario et les dialogues. Et Pierre-Loup Rajot – l'un de mes « poulains » – hérite du premier rôle masculin. Jeanne, elle, tient le haut de l'affiche. C'est là, véritablement, sur ce projet compliqué à faire advenir que nous nous sommes rapprochés et que nous avons pris le temps de nous apprécier. J'ai compris qu'elle adorait vraiment le cinéma, qu'elle voulait se battre pour faire émerger de jeunes cinéastes, qu'elle pourrait être une « passeuse » entre les générations.

À tout juste soixante ans, cela fait six ans que Jeanne est au creux de la vague. Elle n'est plus autant désirée qu'avant : petit rôle dans *Le Paltoquet*, de Michel Deville, second rôle dans *Sauve-toi, Lola*, de Michel Drach, *idem* dans un Mocky (*Le Miraculé*). Ce n'est plus l'extase. Antoine Perset, dont je suis également l'agent, a un mal fou à monter ce qui restera son seul et unique long-métrage. Bref, nous sommes tous embarqués, Pierre-Loup, Antoine, Jeanne et moi, dans une drôle d'aventure en Bretagne. *La Nuit de l'océan* finira par sortir en salles quatre ans en plus tard, en juin 1992, mais fera un bide retentissant. C'est à ce moment-là que Jeanne commence à me dire : « Un jour, je viendrai chez vous, chez Artmedia. C'est sûr, ça se fera… »

Quand Georges Baume se retire, Jeanne rejoint pourtant Intertalent, la structure de François-Marie Samuelson, « l'agent double » parmi les plus célèbres du milieu puisque cet ancien d'Artmedia œuvre à la fois dans la littérature et le cinéma. Ce qui est rare. Mais ces deux forts tempéraments produisent ensemble trop d'étincelles. Après une énième dispute, ils en conviennent aisément. Mieux vaut rester bons amis que mauvais partenaires. Fin de l'histoire.

Jeanne, qui apprend que je m'occupe de son amie Josée Dayan, pousse enfin la porte d'Artmedia. Elle souhaite que je défende ses intérêts. Dans la maison, on me répète aussitôt : « Mon coco, tu ne vas pas t'amuser tous les jours. Elle est autoritaire. Pas commode. Elle n'est plus ce qu'elle croit être… » Ça promet. Mais ça marche. Je l'aide à décrocher *Lisa*, de Pierre Grimblat avec Marion Cotillard, Benoît Magimel et Sagamore Stevenin. Puis on enchaîne avec *Cet amour-là*, l'histoire d'amour étrange entre Marguerite Duras et le jeune Yann Andréa, mise en scène par Josée Dayan. Je lui présente François Ozon. Elle tourne avec lui *Le temps qui reste*. Je lui soumets le joli rôle de Frida pour *Une Estonienne à Paris*, d'Ilmar Raag. Elle y est excellente. J'organise une rencontre avec Claude-Éric Poiroux, le « patron » du Festival Premiers Plans d'Angers. Jeanne devient non seulement une fidèle de l'événement mais aussi sa marraine. Elle supervise la programmation, accueille les pointures… Un jour, je l'ai même entendue sermonner Delon au téléphone. Ce dernier s'était désisté au dernier moment alors qu'elle s'était démenée pour monter une rétrospective de tous ses films. Angers était couvert d'affiches en son honneur. « Enfin, comment oses-tu !? Tu me dis que tu pars au Japon pour tes affaires, d'accord… Mais n'oublie pas que tu dois tout au cinéma français, etc. » Tout Delon qu'il était, il n'a pas bronché ! Pas mal pour une octogénaire.

Jeanne, c'est une voix. Inimitable. Grave et rauque, presque grumeleuse par moments. Presque une marque déposée. Un marqueur de sa singularité. Ça, tout le monde le sait. Cette voix, signe d'une laryngite chronique typique d'une éternelle fumeuse, a toujours contribué à son succès. Elle suggère un caractère bien trempé, une autorité naturelle. Son timbre appelle une certaine dureté. Dans l'intimité, la Jeanne que j'ai connue quand j'ai commencé à l'accompagner, à la fin des années 1990, était pourtant plus nuancée.

Je venais chez elle, square du Roule, prendre le petit déjeuner. Elle était assez seule, finalement. Elle adorait faire la cuisine – comme Marlene Dietrich. Elle avait un côté « popote » insoupçonné. Elle ne pouvait certainement pas renier son père, gérant de la brasserie À la cloche d'or, à l'angle de la rue Fontaine et de la rue Mansart, à Paris. Elle passait son temps au cinéma – comme Micheline Presle. Elle m'appelait « mon petit » et me vouvoyait. Elle aimait parler de culture et de ses lectures (« Vous devriez lire ça, mon petit. Il y a peut-être un rôle pour moi. ») Elle me racontait sa vie aussi. Elle me faisait des confidences sur des actrices et plus encore sur des acteurs d'Hollywood qu'elle avait connus (« Vous savez, Montgomery Clift… »).

Autant elle encourageait la jeune génération française (elle raffolait de Laetitia Casta), autant elle se montrait sévère envers nos deux « Isabelle », Adjani et Huppert, qui, du reste, le lui rendaient bien. Je crois même que les deux ne l'appréciaient pas beaucoup. Jeanne n'était pas tendre non plus avec Catherine Deneuve ; en revanche, elle suivait d'un œil bienveillant la carrière de Nathalie Baye et celle de Sandrine Bonnaire. Elle distribuait ainsi les bons et les mauvais points d'un air péremptoire.

Un peu à la manière d'une Simone Signoret en son temps. Elle s'amusait d'être considérée comme « la grande dame » du cinéma français, une sorte d'éminence grise que l'on consulterait et que l'on ménagerait pour s'en concilier les bonnes grâces. Elle jubilait d'être en surplomb. Facile. Vous décochez les flèches et n'en recevez aucune en retour. Il n'y a qu'elle pour oser reprendre à la volée Gérard Depardieu lors du tournage du téléfilm *Les Misérables*, de Josée Dayan (2000). L'acteur bute sur ses répliques, cafouille dans les enchaînements. Sur le plateau, devant tout le monde, Jeanne s'interrompt net : « Gérard, là ça ne va pas être possible... Tu vas apprendre ton texte. Et quand tu le sauras on reprendra. » Silence gêné. « Gégé » a filé dans sa loge pour réviser.

Au fil des années, j'ai compris qu'il fallait privilégier les tête-à-tête. À deux, elle se montrait vive et spirituelle. À trois, il y avait systématiquement un souffre-douleur. Et ce n'était jamais elle ! Elle pouvait afficher une parfaite mauvaise foi et en même temps s'en sortir, lorsqu'elle était acculée, par une pirouette savoureuse dont elle avait le secret. Elle était généreuse avec ceux qu'elle aimait mais se montrait intraitable envers ceux qui la décevaient. Elle était souvent brillante, parfois fatigante. Elle voulait être au centre de la conversation. Elle a été, je pense, notre dernier « monstre sacré ». Notre

Dietrich nationale. Elle n'a pas été remplacée. Et ne le sera sans doute pas.

Il me revient ici un souvenir édifiant. C'était en 2006 pour une adaptation québécoise de *Roméo et Juliette* par Yves Desgagnés, dont c'était seulement le deuxième film au cinéma. Jeanne, soixante-dix-huit ans, est pressentie pour incarner Laurence, la grand-mère d'une certaine Juliette Véronneau (Charlotte Aubin), amoureuse d'un Roméo Lamontagne (Thomas Lalonde). La productrice, Denise Robert – une amie intime et épouse du cinéaste Denys Arcand – prend contact avec moi. Elle veut vraiment la faire venir au Canada.

— Tu sais, Denise, Jeanne est chère. Elle ne peut pas partir pour rien là-bas…

— Oui, je sais. On veut la payer très correctement. On veut faire les choses bien.

Jeanne lit le scénario. Il lui tombe des mains. Elle conteste tout devant moi.

— Jeanne, vous n'êtes pas obligée de le faire.

— Mais si, peut-être. Enfin, il faut retravailler certains points…

Quoi qu'il en soit, Jeanne répond qu'elle est intéressée. On fait donc venir à Paris le réalisateur. On organise une rencontre à trois (le mauvais nombre !) au Carpaccio, le restaurant chic du Royal Monceau. Le jour J, Yves Desgagnés nous rejoint au palace de l'avenue Hoche tel un Père Noël, les bras chargés de cadeaux pour Jeanne. Enthousiaste, un peu exalté, il a le sourire accroché aux lèvres.

— Je suis tellement content de vous rencontrer, madame Moreau. Regardez, j'ai pensé à vous…

— Les cadeaux, on verra après. Asseyez-vous déjà.

D'emblée, le froid.

— Vous avez le scénario avec vous ? relance Jeanne.

— Jeanne, on va peut-être déjeuner d'abord… ? Je tente une diversion.

— Non, non. On déjeune ET on parle du scénario en même temps.

Le froid s'accentue. Jeanne dégaine son exemplaire, raturé et annoté de partout. Elle lui montre avec le doigt les passages à modifier dans les scènes de son personnage.

— Alors ça, ce n'est pas possible. Là, il faudra couper bien sûr. Ici, c'est à revoir…

Le Québécois reste impassible. Elle poursuit :

— Et les deux jeunes qui jouent Roméo et Juliette ? Elle, elle semble intéressante ; mais lui, il n'a aucun intérêt, non ?

Je regarde à la dérobée notre invité. Il encaisse tout mais je sens qu'il est humilié. Je m'éclipse pour les laisser seuls quelques minutes, pensant que Jeanne va peut-être plus facilement rompre la glace en face à face. Pour moi, c'est l'entracte.

Puis je retrouve ma place. Quelque chose a changé. Jeanne s'adresse soudain à Desgagnés, le menu dans la main.

— Qu'est-ce que vous prendrez, mon petit ?

Je souris. Je sais que la partie a basculé du bon côté.

— Alors maintenant, voyons les cadeaux, dit-elle en minaudant un peu.

Premier paquet, une doudoune.

— Oh, mais vous avez le compas dans l'œil ! Exactement ma taille. Bravo !

Elle l'enfile aussitôt. Deuxième paquet, une toque en fourrure.

— Je crois qu'elle ira très bien à Dominique !

Sur ce elle me la plaque sur la tête. Rire général. On se croirait dans un film de Robert Altman. Fin du premier acte.

Jeanne est décidée à s'envoler pour Montréal. Denise Robert entend la dorloter. Elle suggère que je l'escorte et l'aide à prendre ses marques les premiers jours. Elle pense l'héberger au Ritz-Carlton, au cœur du centre-ville. Mais Jeanne s'est mis dans la tête qu'elle devait descendre à l'hôtel où a résidé Isabelle Huppert lors de son dernier séjour, le Saint-Sulpice, un autre établissement de prestige, aux tarifs à peu près similaires. Va pour le Saint-Sulpice.

Jeanne et moi voyageons en première classe. Durant tout le vol, elle s'extasie sur le Québec, le film à venir, la langue française, le sens de l'accueil des Québécois et même Air Canada… Elle en fait presque trop. Sitôt notre avion posé, nous passons par le bureau de l'immigration, qui doit contrôler son permis de travail. Une formalité. Derrière le guichet, une préposée à l'air renfrogné tique en voyant son passeport.

— Jeanne Moreau !!? Mais je pensais que vous étiez morte. Vous travaillez encore ?

Jeanne se décompose. Animée d'une colère froide, elle réplique :

— Décidément, ils sont toujours aussi CONS !

Je la sens instantanément blessée, touchée au cœur. Nous partons vers les tapis récupérer ses innombrables valises. Message de Denise sur mon téléphone. Sa fille est malade. Elle ne peut malheureusement pas nous accueillir mais elle a pris ses dispositions. Une limousine nous attend. Jeanne, cinglante :

— Quand Jeanne Moreau arrive, on vient la chercher !

Elle se met à parler d'elle à la troisième personne, comme Delon.

Durant le trajet vers l'hôtel, Jeanne dit à présent exactement le contraire de ce qu'elle affirmait dans l'avion. Ce pays ne lui plaît pas du tout,

tout y est médiocre, les gens n'ont aucune éducation, etc. La berline s'immobilise devant l'entrée du Saint-Sulpice.

— Mais c'est un tout petit hôtel ! Décidément, avec Isabelle Huppert, nous n'avons pas du tout les mêmes goûts !

Sur le seuil de la suite qui lui a été réservée, elle décrète :

— Je n'habiterai pas ici. Il n'y a pas de bureau ! J'en déduis qu'Isabelle Huppert n'écrit jamais. Moi, j'ai besoin d'un bureau.

Jeanne tourne les talons. Improvisation. Comme plan B, je suggère aussitôt de nous rabattre vers le Ritz-Carlton comme Denise l'a proposé initialement. Jeanne lève les yeux au ciel. Le richissime collectionneur François Odermatt, que nous croisons alors par hasard au lobby, nous indique qu'il faut ab-so-lu-ment loger au Saint-James, là où sont descendus les Rolling Stones. Une ancienne banque reconvertie en palace. Encore plus cher que le Ritz. C'est *the place to be* ! Jeanne est emballée. On remonte dans la limousine. On file au Saint-James. Odermatt nous accompagne et nous facilite les démarches.

J'avertis Denise du changement de programme. Catastrophe !

— Mais Dominique, ce n'est pas possible ! C'est un film québécois, pas hollywoodien. Qui va payer !? Il faut la raisonner quand même…

Jeanne visite les chambres. Elle tombe soudain sur l'une d'elles – un peu plus petite que les autres, du reste – munie d'une jolie table. « Je vais être très bien ici. C'est un cocon. » Elle a enfin trouvé « son » bureau. Ouf ! Elle décide de s'y installer. Odermatt obtiendra une belle ristourne pour Denise. Fin du périple.

Dès le lendemain, Jeanne n'est plus la même. Reposée, bien disposée, charmante, elle se montre à la hauteur de sa réputation. Très professionnelle. La rencontre avec « Roméo » et « Juliette » se passe idéalement. Elle commence même à trouver des qualités au jeune homme.

Survient alors quelques jours plus tard un dîner de gala organisé par le distributeur du film en présence du Premier ministre du Québec, Jean Charest. Ponctuelle comme à son habitude, Jeanne supporte difficilement les retards des autres. Or ce soir-là l'homme de quarante-huit ans qui préside la Belle Province se fait désirer. Retenu par une affaire urgente, Charest arrive enfin au bout de trois quarts d'heure. Il se dirige droit vers l'invitée d'honneur, main tendue, l'air sincèrement gêné :

— Ah ! Jeanne Moreau, comme je suis heureux de faire votre connaissance…

— Monsieur, sachez que même le général de Gaulle ne m'a pas fait attendre !

Jeanne (Moreau)

Pour son inhumation, au cœur de l'été 2017, nous serons dix, choisis par elle selon ses dernières volontés. Comme un clin d'œil de l'au-delà, au cimetière Montmartre, section XXI, Jeanne Moreau repose éternellement à côté de François Truffaut.

K

Karina (Anna)

« Sans mémoire, un peuple n'a pas d'avenir. »

Les gens n'ont plus de mémoire. Tout glisse sur eux, tout va trop vite. On dirait qu'ils sont saturés, comme la messagerie de leur portable. Ils ne prennent plus le temps de se souvenir de celles et ceux qui ont nourri leur imaginaire, qui les ont émus quand eux-mêmes étaient enfants, adolescents ou jeunes adultes. Le passé ne revêt plus aucun intérêt à leurs yeux. Seul compte le présent. La jouissance immédiate. Il leur faut profiter de l'instant à tout prix. La notion même d'« hommage » leur semble incongrue. Tout se mélange, tout se vaut. Donc plus rien n'a d'importance. On barbote dans un bain de relativisme désespérant.

Cet égoïsme collectif – parce qu'il faut bien l'appeler comme ça – m'attriste et me met en colère. On ne s'intéresse plus à ceux qui sont partis pour toujours. Jean-Claude Brialy ? Oublié. Maurice Ronet ? Passé par pertes et profits. Jacques Perrin ? Emporté dans les limbes lui aussi. *Idem* pour Just Jaeckin, Jean-Claude Carrière, Rémy Julienne, Gilbert Bécaud, André Wilms ou Marie-José Nat. Mylène Demongeot a été balayée par l'actualité. On a à peine parlé de son décès en décembre 2022. L'acteur et réalisateur François Leterrier, à qui l'on doit notamment *Un roi sans divertissement* (1963) et *Projection privée* (1973), qui ont tous deux obtenu le Grand Prix du cinéma français, semble aujourd'hui un illustre inconnu. Même « punition » pour Gérard Vergez, réalisateur des *Cavaliers de l'orage*, en 1984, avec Marlène Jobert, Gérard Klein et Wadeck Stanczak. Et que dire de Françoise Arnoul, abandonnée à un anonymat complet lors de sa disparition, en juillet 2021 ? Seul notre « Bébel » national a échappé à ce torrent d'oubli et, dans une moindre mesure, Jean-Luc Godard. Même dans certains cours de théâtre, j'ai pu constater que les jeunes talents de demain ne cherchent nullement à connaître le parcours de leurs glorieux prédécesseurs. Or sans mémoire un peuple n'a pas d'avenir…

Dernièrement, j'ai milité auprès de la Mairie de Paris pour que l'on baptise une rue du nom de Danielle Darrieux, notre grande dame du cinéma, morte en 2017 à l'âge de cent ans, forte de ses cent dix films étalés sur presque quatre-vingts ans ! On m'a répondu : « Elle a eu une attitude trouble pendant la guerre. Elle a été collaboratrice ! » C'est honteux de salir ainsi sa mémoire. On lapide sans savoir, sans démêler le vrai du vraisemblable. On croit connaître le parcours d'untel ou untel parce qu'on a lu trois lignes quelque part sur la Toile. C'est infernal ! Et surtout navrant. Je suis mal à l'aise dans cette époque où l'on se détourne de son passé. Bon, j'arrête, parce que je risque de raisonner comme un vieux c…

Il me revient toutefois une anecdote que je voudrais partager ici. Il y a quelques années, Stéphane Bern donnait un dîner chez lui, dans son appartement parisien. Il m'avait gentiment convié. Ce soir-là, autour de la table, trône parmi nous Joachim de Danemark, le second fils de la reine Margrethe et du prince consort, Henrik, né Laborde de Monpezat. Le prince, parfaitement francophone, vient de fêter ses cinquante ans. À un moment, je me tourne vers lui.

— Vous autres, Danois, avez quand même la chance de compter parmi vos compatriotes une icône du cinéma mondial… L'actrice fétiche de la nouvelle vague ! L'une des grandes stars des années 1960 !

Là, je sens tout de suite que je l'ai perdu. Il ouvre des yeux ronds. J'ajoute :

— Anna Karina ! Ce serait élégant et mérité que Copenhague lui remette l'équivalent de notre Légion d'honneur. Qu'en dites-vous ?

Je l'entends encore me répondre :

— Anna qui ? Je ne la connais pas. Désolé.

— Quoi !? Mais c'est insensé…

Je suis abasourdi. Stéphane Bern est décomposé. Il me donne un coup de pied sous la table pour que je n'enfonce pas davantage notre tête couronnée. Consternation !

Quelques mois plus tard, fin décembre 2019, les obsèques d'Anna Karina au cimetière du Père-Lachaise réuniront heureusement certains des talents du cinéma français d'hier et d'aujourd'hui. Je revois, autour de sa sépulture, Marion Cotillard, Léa Seydoux, Melvil Poupaud, Charles Berling, Jane Birkin ou encore Béatrice Dalle et Macha Méril. Au milieu de cette assemblée, je noterai avec un sourire la présence discrète mais bien réelle d'un représentant officiel de l'ambassade du Danemark.

L

Liste

« Mes films préférés. »

Quels films figurent dans mon petit panthéon personnel ? Quels sont ceux que j'emporterais à coup sûr sur mon île déserte ou au paradis ? J'en ai adoré tellement ! Lesquels retenir ? Lesquels écarter ? Pour ne point froisser celles et ceux qui font le cinéma au jour le jour et que je côtoie depuis tant d'années – parfois comme ami, parfois comme agent, parfois comme producteur ou directeur de casting –, j'ai volontairement écarté tous les films sortis depuis une quarantaine d'années. C'est injuste car certains longs-métrages des années 1980 à nos jours mériteraient d'y figurer (non, je ne dirai rien, sauf peut-être pour l'un d'eux…), mais c'est la drôle de règle que je me suis imposée.

La Règle du jeu (Jean Renoir, 1939). Il y a du Marivaux dans ce film choral. C'est tellement brillant ! Maîtres et domestiques ont la même nature mais chacun est prié de rester à sa place. À la toute fin, l'un des personnages centraux est sacrifié pour n'avoir pas, justement, respecté la règle du jeu des apparences dans cette société d'avant-guerre déliquescente. Les êtres de ce « drame gai », selon l'expression du cinéaste, dansent sur un volcan, eux qui sont empêtrés dans des jeux de classe stériles. Je ne m'en lasse jamais. Je crois bien que je regarde chaque année le chef-d'œuvre de Jean Renoir qui a su, comme personne, montrer l'état de décomposition de cette caste nombriliste qui courait à sa perte (la guerre était imminente). Probablement l'un des plus grands films français de tous les temps avec *Les Enfants du paradis*, de Marcel Carné (1945).

Des hommes et des dieux (Xavier Beauvois, 2010). Ça commence bien... Voilà l'exception à la règle que je me suis fixée. Un film magnifique sur le silence. Je suis en admiration devant les gens qui expriment une foi sincère, absolue, capables de s'isoler des heures durant pour méditer. Ces moines cisterciens des années 1990 qui vivent dans une Algérie peu à peu gangrenée par le terrorisme islamiste ne s'échappent pas. Ils acceptent leur sort : la mort. Face à eux, des gens fanatisés tuent au nom d'une autre foi. Or jusqu'au bout ces moines catholiques croient en la fraternité des hommes, montrent leur attachement à la terre et aux habitants qui les entourent. C'est beau et puissant à la fois. Les comédiens sont admirables (Lambert Wilson, Michael Lonsdale, Olivier Rabourdin, Philippe Laudenbach...). J'ai été heureux que le jury de Cannes lui décerne cette année-là son Grand Prix. Et puis j'ai toujours eu un grand respect pour la carrière de Xavier Beauvois que j'ai connu tout jeune, à vingt-trois ans, dès son premier long-métrage, *Nord* (1991), dans lequel je joue un petit rôle.

La Drôlesse (Jacques Doillon, 1979). Ce film, nommé au César du meilleur film et du meilleur scénario, a beaucoup compté pour moi. C'est après celui-ci que j'ai décidé de me lancer exclusivement dans le casting et de renoncer à être assistant mise en scène. Ma rencontre avec Jacques Doillon, en mars 1975, s'est avérée capitale. Je lui dois énormément. Il m'a fait confiance pour trouver les acteurs et faire les repérages d'*Un sac de billes*. Et après, pendant quelques années, je ne l'ai plus quitté ! À chaque nouveau projet, il m'embarquait dans l'aventure. *La Drôlesse* s'inspire d'un fait divers survenu en Poitou-Charentes : un paumé, limité intellectuellement, séquestra une petite fille que sa mère battait. Je me suis plongé dans l'affaire avec la foi des convertis. Et, après moult déboires de production, nous avons transposé l'histoire en Normandie, près de Vire. Je suis très fier d'avoir « découvert » dans un collège de la région la petite Madeleine Desdevises, onze ans, qui serait notre Mado à l'écran, la fillette maltraitée. Hélas, j'apprendrais qu'elle est atteinte d'une leucémie fulgurante mal diagnostiquée trois ans seulement après la sortie du film. Jacques et moi aurions juste le temps de lui dire adieu sur son lit d'hôpital. Elle avait à peine quinze ans. À la réflexion, je pense que Jacques Doillon est le metteur en scène français le plus doué pour faire jouer les enfants (*Un sac de billes*, *Ponette*, *Le Petit Criminel*...). C'est un peu notre Luigi Comencini (*L'Incompris*, *Un enfant de Calabre*) national.

Symphonie pour un massacre (Jacques Deray, 1963). J'ai bien conscience que la présence de cet opus assez méconnu dans mon palmarès peut surprendre. C'est clairement une série B, à ne pas confondre avec *Mélodie en sous-sol*, d'Henri Verneuil, sortie la même année. Mais ce film de truands coécrit par José Giovanni, qui réunit une superbe distribution (Jean Rochefort, Charles Vanel, Claude Dauphin, Michel Auclair, Michèle Mercier), est joliment agencé. J'adore l'idée du grain de sable qui enraye la (belle) mécanique criminelle de l'un des protagonistes. On a beau tout prévoir, il surgira toujours un impondérable dans la vie.

Nous ne vieillirons pas ensemble (Maurice Pialat, 1972). L'un des plus grands succès commerciaux de mon cher Maurice Pialat est aussi l'un de ses meilleurs films, lui dont on dit qu'il n'en a raté aucun dans toute sa carrière, riche de dix longs-métrages. Ce film parle à tout le monde : il est difficile d'aimer la même personne toute sa vie, de vivre avec elle en bonne harmonie. La jalousie ronge les individus et finit par tout gâcher… Et puis Jean Yanne y est prodigieux. Il gagne le Prix d'interprétation à Cannes. Je n'oublie évidemment pas ma très chère Marlène Jobert, épatante de bout en bout. Ce film non plus ne vieillit pas !

Madame de… (Max Ophüls, 1953). L'avant-dernier film de Max Ophüls est une pure merveille : les dialogues de Marcel Achard, la trame subtile du roman de Louise de Vilmorin qui se sert de simples boucles d'oreilles pour lancer sa ronde des sentiments, l'interprétation magistrale tout en nuances de l'élégante Danielle Darrieux, au sommet de son charme… Comment une séductrice du grand monde un peu lasse finit par se consumer dans une passion amoureuse sincère. C'est en apparence léger et superficiel alors que c'est bouleversant.

La Rumeur (William Wyler, 1961). Un duo d'actrices sublimes (Audrey Hepburn et Shirley

MacLaine), un sujet douloureux (l'homosexualité féminine au miroir de l'Amérique intolérante du début des années 1960), un noir et blanc superbe, une réalisation maîtrisée, voilà les ingrédients de ce film qui m'a déstabilisé quand je l'ai vu pour la première fois, à mon arrivée à Paris. La censure de l'époque avait imposé à William Wyler que le mot « lesbienne » ne soit jamais prononcé. Moi, sur le coup, je n'ai pas saisi tous les sous-entendus. Ce n'est qu'après que j'ai compris qu'à Dives-sur-Mer j'avais eu sous les yeux durant mon enfance une situation similaire : la directrice de mon école vivait avec une professeure de l'établissement. Et on n'en parlait pas. Ce film montre aussi une autre facette de l'enfance, pas très reluisante, quand la cruauté et la malveillance dévorent des âmes fragiles.

La Fièvre au corps (Lawrence Kasdan, 1981). J'aime beaucoup cet hommage aux films noirs des années 1940 avec la femme fatale en figure de proue quand les deux amants sont emportés dans une spirale infernale. On pense tous à *Assurance sur la mort*, de Billy Wilder (1944). Ici, dans *La Fièvre au corps*, la lumière est très travaillée. On la doit à Richard Kline, le chef opérateur du *Flingueur* (Michael Winner), de *Mandingo* (Richard Flescher) ou encore de *Furie* (Brian de Palma). Le premier film de Lawrence Kasdan marque aussi les débuts fracassants de Kathleen Turner, vingt-six ans. Cette excellente actrice aurait mérité une plus grande reconnaissance, elle qui a remporté tout de même deux Golden Globes (*À la poursuite du diamant vert* et *L'Honneur des Prizzi*) et a été en lice pour les Oscars (*Peggy Sue s'est mariée*). Je me souviens avoir vu *La Fièvre au corps* avant tout le monde, car à ce moment-là je m'occupais du casting de *La Lune dans le caniveau*, de Jean-Jacques Beineix. Or on cherchait une actrice pour le rôle principal. Et on nous avait recommandé cette Américaine inconnue qui, paraît-il, crevait l'écran et venait à Paris assurer la promotion de son premier film. J'étais sorti bluffé de la projection. Je m'étais dit qu'elle serait parfaite dans l'univers de Beineix. Seulement la Gaumont ne voulait pas d'une comédienne débutante. Le rôle allait finalement revenir à Nastassja Kinski, auréolée par sa prestation dans *Tess*, de Roman Polanski, quatre ans plus tôt.

La Meilleure Façon de marcher (Claude Miller, 1976). Le premier film de Claude Miller est sans doute son film le plus sincère. Un hymne à la tolérance et au respect des différences. Il explore la relation ambiguë faite de brimades et d'humiliations entre deux moniteurs de colonie de vacances dans la France de l'été 1960. L'un – Patrick Dewaere – surjoue les mâles alpha, harcèle et méprise l'autre – Patrick Bouchitey –, qu'il a surpris un soir en train de se travestir. Du plus loin que je m'en souvienne, je n'ai jamais eu à souffrir d'une telle situation. Mais même si je n'ai pas été un homosexuel stigmatisé, ce film m'a marqué parce que son histoire aurait pu être la mienne.

Raphaël ou le Débauché (Michel Deville, 1971). J'ai d'emblée été happé par l'ambiance sensuelle et crépusculaire qui émane de ce film de Michel Deville. Cela rappelle *Les Liaisons dangereuses*. J'avais seize ans et je me cherchais encore. J'ignorais alors évidemment ce qu'était la débauche. Dans ce film, les acteurs sont tous d'une beauté renversante (Maurice Ronet, Yves Lefebvre, Jean-François Poron, André Oumansky, Georges Claisse, Jacques Weber) et les femmes, très séduisantes (Françoise Fabian, Brigitte Fossey, Hélène Arié, Isabelle de Funès...).

Le Mépris (Jean-Luc Godard, 1963). Je ne l'ai pas vu tout de suite bien sûr, j'étais trop jeune. J'ai découvert *Le Mépris* à la Cinémathèque française en arrivant à Paris, au début des années 1970. Je ne voyais pas ce type de film à Deauville et à Houlgate. Jamais Bardot et Capri n'ont été aussi belles ! Et puis le thème de Camille de la musique composée par Georges Delerue est inoubliable.

Le Dernier des Hommes (Friedrich Murnau, 1924). À Berlin, le vieux portier d'un palace (formidable Emil Jannings) est brutalement déchu.

On lui retire son uniforme. On le relègue au sous-sol comme « monsieur pipi ». Humilié, bafoué, il en vient à dérober sa livrée pour ne pas perdre la face aux yeux de son entourage. Mais une mégère surprend la manœuvre. Le pauvre homme est conspué par la foule et moqué pour son geste. Aux yeux de tous, il devient alors le dernier des hommes... Ce film muet des années 1920 fait partie du panthéon de ma cinéphilie. Ce chef-d'œuvre de Murnau est bien plus qu'un drame social et prend des airs de fable quand, lors d'un retournement invraisemblable, une rencontre providentielle permet au personnage de recouvrer d'un coup sa dignité et l'admiration de la foule hypocrite et versatile. Je n'ai fait qu'une seule fois du théâtre grâce à Jean-Michel Ribes. Et j'ai pu jouer *Monsieur Pipi* d'Amanda Sthers au théâtre du Rond-Point en 2011. Pour appréhender ce personnage d'invisible, de laissé pour compte relégué aux commodités, je me suis nourri de l'œuvre expressionniste de Murnau, dominée par cet acteur de génie qu'était Emil Jannings. Un très grand souvenir.

Un chant d'amour (Jean Genet, 1950). Ce moyen-métrage de vingt-cinq minutes contient une scène d'amour incroyablement émouvante entre deux prisonniers qui communiquent grâce à un trou percé dans le mur qui sépare leurs deux cellules. Sous l'œil complice du gardien qui observe leur manège par le judas, les deux hommes établissent un contact amoureux et érotique grâce à des objets du quotidien tels qu'une cigarette, une paille… Ce film a longtemps été censuré (l'homosexualité était alors réprimée publiquement en France). Il n'est sorti en salles que vingt-cinq ans plus tard, en 1975, interdit aux moins de seize ans. Ici, le désir est un principe narratif dynamique qui circule sans cesse et les fantasmes s'entrecroisent. Un film qui vous prend aux tripes.

Bonus, **Le Sixième Enfant** (Léopold Legrand, 2022). J'ai ressenti un formidable coup de cœur pour ce premier long-métrage de Léopold Legrand, que nous avons présenté au Festival d'Angoulême l'été 2022. Il en est reparti avec les Valois du meilleur scénario, de la meilleure actrice (décerné au tandem Sara Giraudeau/Judith Chemla), de la meilleure musique et du public. Les quatre comédiens principaux sont d'une justesse folle. C'est une ode à la mère et à l'amour maternel. Une pépite de notre cinéma actuel.

M

Marlene (Dietrich)

« La plus grande actrice du monde. »
« Il émane d'elle une férocité émouvante. »

L'autre monstre sacré de mon panthéon personnel, avec Jeanne Moreau. Je tiens Marlene Dietrich pour la plus grande actrice du monde ! Elle en est l'essence même. Elle était capable de tout jouer et, en même temps, elle demeurait Marlene dans chacun de ses rôles. Dans tous ses films, elle aimantait ses personnages. Elle réussissait à les « marléniser ». Pourtant, on ne cessait jamais d'y croire. N'est-ce pas le propre d'une véritable star de cinéma que de faire de ses incarnations successives un prolongement d'elle-même sans effort apparent ?

Quand je la vois à l'écran, j'ai toujours l'impression qu'elle est « plus grande » que les femmes qu'elle interprète, qu'elle les « dépasse ». C'est son génie. *L'Ange bleu*, *La Femme et le Pantin*, *Ange*, *La Scandaleuse de Berlin*, *Le Grand Alibi*, *L'Ange des maudits*, *Témoin à charge*, *Jugement à Nuremberg*... Marlene y est fantastique à chaque fois. Dans *Désir*, de Frank Borzage (1936), elle campe une irrésistible voleuse de bijoux contrainte de séduire un touriste américain (Gary Cooper) pour récupérer le butin qu'elle a glissé dans sa poche à son insu lors du passage de la frontière franco-espagnole. J'aime tellement ce film que je rêve de l'adapter encore aujourd'hui.

Dans ses films, elle t'emporte. Tu fais un voyage. Tu n'éprouves pas forcément de l'empathie, ni de la tendresse, mais tu la suis. Quoi qu'il arrive. En cela, elle est magnétique. Littéralement fascinante. Il émane d'elle une sorte de férocité émouvante. Jean Cocteau avait tout compris quand il disait que « son nom commence comme une caresse et s'achève comme un coup de cravache ».

Mon plus grand regret est de ne l'avoir jamais rencontrée « en vrai ». Je l'avais entendue chanter à l'automne 1973 à l'Espace Cardin, moulée dans sa fameuse robe de récital fétiche. Je lui ai ensuite parlé sept ou huit fois, mais jamais autrement qu'au téléphone. Aucun face-à-face. De toute façon, à compter de la fin des années 1970 elle n'était plus là pour personne.

Marlene (Dietrich)

Marlene Dietrich vivait recluse dans son appartement, au 12 de l'avenue Montaigne. Seuls sa fille et une poignée de « grognards » pouvaient l'approcher. Parmi eux, l'animateur télé et radio Louis Bozon – successeur de Lucien Jeunesse au *Jeu des 1 000 francs* –, le comédien Sacha Briquet – un habitué des pièces de boulevard – et sa secrétaire, Norma, la femme du poète d'origine russe Alain Bosquet. On murmurait que Marlene régentait tout son petit monde. Elle devait être tyrannique et exaspérante, mais aussi ensorcelante. Une diva avec son entourage soumis, comme Gloria Swanson dans l'inoubliable *Sunset Boulevard*, de Billy Wilder, (1950). Ah ! si seulement Marlene avait accepté de se faire opérer des hanches après sa spectaculaire fracture du col du fémur à l'opéra de Sydney en 1975... Elle aurait pu continuer de longues années, comme Johnny Hallyday.

Préado, j'entends encore ma mère tancer ma sœur : « Arrête de te prendre pour Marlene Dietrich ! » La diva faisait partie de notre imaginaire familial comme de celui de millions de gens, j'imagine. Quand je suis venu faire ma vie à Paris, au début des années 1970, j'ai fait la connaissance de Sacha Briquet. Lui-même était devenu un intime de Marlene par Claude Chabrol et son épouse, Stéphane Audran, qui était une de ses grandes amies de l'époque.

À la fin de sa vie, confinée dans ses quelques pièces à Paris, Marlene appelait Sacha tous les jours. Il était son confident et souffre-douleur n° 1. Outre qu'il s'était autochargé de menues courses domestiques, Sacha avait pour principale mission de lui apporter tous les week-ends le dernier numéro du sacro-saint *Variety*, l'hebdomadaire de référence américain du monde du spectacle. C'était un rituel incontournable. Devant lui, Marlene se jetait sur la rubrique « nécrologie » du journal pour y lire les avis de décès des vedettes du temps de sa gloire à Hollywood. Et elle ne se privait pas d'assener ses coups de griffe.

Printemps 1987. Sacha me dit un jour : « Je vais devoir m'absenter quelque temps en juillet-août car je dois tourner un film en Allemagne. J'ai donné tes coordonnées à Marlene. Elle aura sans doute besoin que tu lui apportes son *Variety*. » Je le rassure. Il peut partir tranquille. J'assurerai l'intérim. Et puis, les semaines passent. J'oublie. Deux mois plus tard, coup de téléphone au standard d'Artmedia : « Monsieur Besnehard. De la part de Mme Dietrich. »

En transférant l'appel, la secrétaire me glisse :

— Madame Dietrich veut te parler.

— Marlene ?! Tu es sûre ?

— Marlene ? Peut-être. Je ne sais pas.

— C'est bizarre. Je pense plutôt qu'elle m'écrirait si elle voulait me contacter…

Je raccroche aussi sec, flairant une mauvaise plaisanterie. Nouvel appel. Cette fois, je prends la conversation. J'entends une voix métallique, forte, presque gutturale, reconnaissable entre toutes.

— C'est moi. Mar-le-ne Die-trich. Elle parle lentement en détachant et accentuant toutes les syllabes.

— Madame, veuillez m'excuser… Attendez, je vais m'asseoir… Je suis ému. Cela doit s'entendre.

— Calmez-vous, jeune homme. N'en faites pas trop ! Je n'arrive pas à joindre Sacha Briquet. Il m'a dit que vous pourriez m'aider. J'ai besoin de vous. Pouvez-vous m'apporter les *Variety* ?

Un peu surpris par la tournure autoritaire de la conversation, je réponds machinalement :

— Oui, bien sûr.

— Bien. Vous les déposerez chez mon concierge. Au revoir.

Et c'est ce que j'ai fait, quatre ou cinq semaines durant cet été-là. J'ai consciencieusement déposé l'hebdomadaire à la loge de son immeuble.

Depuis l'épisode des *Variety*, Marlene, qui n'avait plus d'agent pour la représenter, m'appelait de temps en temps, pour avoir de l'aide et des explications. Une fois, ce fut pour une histoire de droits d'auteur pour la traduction en italien de son autobiographie. Elle était manifestement pressée de toucher les sommes promises. Elle jonglait avec les chiffres, passait des dollars aux francs. J'étais totalement perdu.

— Pardon, madame, mais vous parlez en anciens francs ?

— Mais non, enfin, je sais ce que sont les nouveaux francs ! Vous êtes agent et vous parlez en anciens francs ?! C'est insensé, jeune homme ! Mais vous êtes un très mauvais agent !

Une autre fois, j'évoquai la cession des droits de *L'Ange bleu* en vue d'une éventuelle comédie musicale dont Sylvie Vartan serait la tête d'affiche.

— Oui, c'est vrai, c'est une possibilité. Mais, vous savez, Sylvie Vartan dans *L'Ange bleu*, ça promet d'être dramatique, non ? Elle est beaucoup trop vieille…

Elle ignorait, évidemment, que je connaissais très bien Sylvie.

Une dernière fois, comme elle voulait me remercier, je pensai tout à coup à une photo dédicacée de sa part pour ma chère Marlène Jobert, qui aurait été comblée :

— Quoi !? Vous croyez que je vais donner une photo signée de ma main à Marlène Jobert ? (Elle parlait très fort subitement.) Elle est é-pou-van-ta-ble avec ses taches de rous-seur. Elle joue mal. Je la dé-teste ! Elle m'a pris mon pré-nom ! Comment a-t-elle osé ?

N

Notre petit monde tel qu'il va (mal)

« Cette manie qu'ont les chaînes d'information de déverser de l'anxiété en flux continu… C'est indigeste et obscène. »

Une amie cinéaste circulait à vélo dans Paris. Casquée, harnachée. Elle roulait paisiblement sur la voie appropriée. Survient en sens inverse un cycliste Deliveroo, lancé à pleine vitesse, les yeux rivés sur son portable. Collision inévitable. Mon amie chute lourdement. Elle se relève péniblement, l'œil ensanglanté, la joue tuméfiée. Heureusement, le coupable s'arrête. Reste penché au-dessus d'elle. Les bras ballants, il ne sait que faire. Elle a la présence d'esprit de lui demander :

— Tu as tes papiers ?

— Non.

— Alors, va-t'en. Ne reste pas là…

Il bredouille un « merci », enfourche sa machine. Seulement, un couple se baladant sur le trottoir d'en face a assisté à la scène. Tandis que l'homme et la femme accourent pour secourir mon amie encore chancelante, ils lui lancent :

— Il part, il part… Ne le laissez pas filer ! On a tout vu. On pourra témoigner.

Elle n'a pas répondu. Elle était presque plus choquée par la réaction de ces deux anonymes – qui voulaient sans doute bien faire – que par la violence de l'accident. Elle sait bien que ces livreurs – pardon, ces esclaves des temps modernes – gagnent une misère à chaque course et qu'ils sont pris dans l'engrenage infernal de la rentabilité : honorer toujours plus de commandes en un minimum de temps en multipliant les risques pour eux-mêmes et pour les passants. Quand les secours sont arrivés, mon amie a simplement indiqué que le cycliste était parti. Elle s'est bien gardée de donner un quelconque signalement. Tout juste a-t-elle répondu : « un jeune homme d'origine africaine ». Autant dire personne. Ainsi va (mal) notre petit monde dans nos sociétés ubérisées, où la souplesse obtenue par les uns se fait au détriment de la qualité de vie des autres…

Une autre histoire. Les « mémés à chien » m'horripilent au plus haut point. Elles accaparent tout le trottoir parisien et laissent leur animal de compagnie faire ses besoins où bon leur semble. Permanentées et bijoutées, elles ne prennent surtout pas la peine de ramasser les crottes. Tâche trop indigne pour elles. Un jour, j'en croise une tout près de chez moi, prise sur le fait.

— Mais madame, vous êtes gonflée ! Vous aimeriez que l'on fasse ça chez vous ? Que l'on vienne déféquer sur votre tapis persan ?

Vexée, notre « mémé à chien » se met à hurler « Au secours ! Au secours ! », comme si je l'agressais comme un vulgaire voleur à la tire.

Quelques personnes s'attroupent, intriguées. Je ne me démonte pas. Je dis à la cantonade :

— Madame se croit tout permis. Elle ne ramasse pas les crottes de son chien et doit certainement donner des leçons à tout le monde.

Indignation collective. Grommellements du public de fortune. Cette bourgeoise mal élevée, qui va probablement à la messe le dimanche, a filé sans demander son reste en tirant vigoureusement sur la laisse de son compagnon sur pattes.

Il est d'autres travers du quotidien qui me hérissent. D'abord cette manie qu'ont les chaînes d'information de déverser de l'anxiété en flux continu, d'ajouter du sensationnalisme à la moindre nouvelle. C'est indigeste et obscène. Pendant le mouvement des Gilets jaunes, on se serait cru parfois devant un western tant les reporters de terrain agitaient la menace d'une invasion imminente de tel ou tel quartier : « Attention, ils arrivent… », « Ils remontent l'avenue et vont se heurter aux forces de l'ordre », etc. Ensuite, l'indifférence qui gagne toutes les couches de la société. Rien que dans mon immeuble, que des semi-inconnus, des silhouettes entr'aperçues, des « bonjour-bonsoir » entre deux portes et c'est tout ! On ne prend plus le temps de se parler. Et, pendant ce temps, les cartons Amazon s'accumulent dans les parties communes…

O

ORTF

« Ma culture vient de cette radio-télévision publique, populaire. »
« On avait la chance de pouvoir se cultiver en douceur. »

J'ai dix ans. Débarque enfin à la maison le petit écran. Au moment même où se crée l'Office de radiodiffusion-télévision française, sous tutelle du ministère de l'Information. Il n'y a que deux chaînes et quatre stations de radio disponibles. Cela suffit à mon bonheur.

Je suis un enfant de l'ORTF. Ma culture vient de là, de cette radio-télévision publique populaire et ambitieuse d'avant le « big bang » de 1974, quand l'entité audiovisuelle a été démantelée par le président nouvellement élu, Valéry Giscard d'Estaing. À la fin des années 1950 et au début des années 1960, beaucoup de gens n'avaient pas de poste chez eux.

Ce n'était pas encore un bien de consommation courante. Jusque-là, je regardais la télé pendant les vacances d'été chez mon grand-père. Le reste du temps, je devais me contenter des émissions, des documentaires et des films que je pouvais apercevoir le dimanche dans la salle paroissiale du patronage d'Houlgate. On était tous agglutinés devant l'étrange lucarne en noir et blanc. On courait voir la télé comme on aurait pu aller au ciné. C'était LA sortie dominicale à ne surtout pas rater.

Adolescent, Daniel, mon frère jumeau, lisait *Paris-Match* et *Le Nouvel Observateur*. Moi, je dévorais *Télé 7 Jours*, *Salut les copains* et parfois *Ciné Revue*, où s'étalait en couverture une vedette italienne en maillot de bain largement échancré. Je connaissais par cœur les programmes. Je rédigeais des fiches sur les feuilletons. J'aurais pu être speakerine ! Il ne m'aurait manqué que la perruque blonde. Catherine Langeais, Jacqueline Huet, Jacqueline Caurat, la gaffeuse Anne-Marie Peysson et l'inénarrable Denis Fabre n'auraient eu qu'à bien se tenir… J'étais incollable aussi sur les grands mariages princiers commentés en direct par l'imposant Léon Zitrone. Je revois les images de celui de la future reine Margrethe II de Danemark avec Henri de Laborde de Monpezat, en juin 1967. Avec ma mère, dans notre salon, on avait l'impression de figurer dans une production à grand spectacle, avec costumes d'apparat, décor flamboyant, luxueuse figuration… C'était un mélange de *Sissi* et du *Guépard* ! *A contrario*, on regardait rarement le journal du soir. En famille, on n'avait pas le culte de cette messe cathodique du 20 heures, où le temps semble suspendu pour écouter les terribles nouvelles.

Mes parents, commerçants fatigués, regardaient assez peu la télévision, hormis pendant les repas. Mon frère lisait énormément. Si bien que ma sœur aînée et moi pouvions nous partager le temps d'écran disponible à la loyale. En 1966, j'étais accro à *Vive la vie*, le feuilleton en noir et blanc en trois saisons de la première chaîne. Un peu l'équivalent de *Plus belle la vie*. Chaque épisode durait treize minutes. On suivait les aventures d'un veuf pince-sans-rire (Daniel Ceccaldi) et de ses trois enfants venus s'installer chez sa sœur (Claire Maurier). J'adorais les petits conflits sans trop de conséquences de ces Français des Trente Glorieuses. Plus tard, en 1968, je ne ratais jamais *Les Demoiselles de Suresnes*, l'histoire de Sylvette et Mireille, deux orphelines élevées par leur grand-mère à Suresnes. L'une est sténodactylo (Catherine Lafond), l'autre rêve de devenir coiffeuse (Jacqueline Holtz). Je ne ratais pas non plus *Seule à Paris*, le feuilleton en noir et blanc en cinquante-deux épisodes de Robert Guez avec Sophie Agacinski, André Oumansky et

Pierre Santini, où une jeune provinciale monte à Paris pour tenter de devenir étalagiste. J'aimais bien aussi la série *Les Dossiers de l'agence O*, avec ses enquêtes de détectives privés sous la houlette de Pierre Tornade et Jean-Pierre Moulin. Chaque épisode charriait son lot d'invités : Serge Gainsbourg, Chantal Goya, Noël Roquevert, Paul Préboist, Jean Servais, Pascale Roberts, Maria Pacôme, Pascale Audret, Pierre Mondy, François Maistre, Hélène Rémy, Catherine Allégret, Claude Brasseur ou encore Mylène Demongeot et Marlène Jobert. Et que dire des *Cinq Dernières Minutes*, de Claude Loursais, avec Raymond Souplex dans la peau de l'inspecteur Bourrel ? Je ne manquais pas *Monsieur Cinéma*, le jeu présenté par Pierre Tchernia sur la deuxième chaîne, non plus que *Dim Dam Dom*, le magazine de société très moderne, prétendument destiné aux femmes mais que beaucoup d'hommes, en réalité, se faisaient un plaisir de regarder (et d'apprécier), ou *La Séquence du spectateur*, où défilaient des bandes-annonces et des extraits de films commentés en voix *off* par Catherine Langeais.

À l'époque, on était gâté. On avait une télé de qualité. Les programmes mêlaient culture et divertissement. Attention, je ne fais pas du Zemmour, là… On avait la chance de pouvoir se cultiver en douceur. Avec des dramatiques bien écrites. Je me rappelle encore maintenant avoir été ému en 1967 par le feuilleton en deux épisodes *L'Espagnol*, de Jean Prat, d'après le roman de Bernard Clavel, avec Dominique Davray et Jean-Claude Rolland. *Idem* avec la mini-série en quatre épisodes *Illusions perdues*, de Maurice Cazeneuve, adaptée de Balzac, avec Yves Rénier dans la peau de Lucien de Rubempré. Quand je vois que ces mêmes *Illusions perdues* signées Xavier Giannoli ont remporté sept césars en 2022, je me dis qu'il ne faut pas désespérer de l'adaptation au cinéma de nos grands classiques de la littérature. J'ai adoré les téléfilms de Claude Santelli, ses adaptations de Maupassant ou de Musset, tout comme ceux de Claude Barma, qui était capable de transposer à une heure de grande écoute aussi bien Victor Hugo qu'Alexandre Dumas, Maurice Druon que Shakespeare. C'était un régal de voir les pièces de Molière et de Marivaux sous l'œil de Marcel Bluwal. Cela me permettait de briller en classe à bon compte. Je n'avais même pas à lire les textes ! Ma professeure de français au collège était toujours étonnée que je trouve le temps de me plonger spontanément dans tous ces classiques de la littérature française.

La manière de filmer était beaucoup plus paisible que maintenant : pas de montage frénétique avec un plan toutes les deux secondes. Les réalisateurs prenaient leur temps. Tout comme les génériques. On les laissait se dérouler, on pouvait voir tranquillement qui faisait quoi. On installait une ambiance. On n'avait pas peur non plus des gros plans dans les émissions de variétés. On s'efforçait de capter au plus près les émotions de l'artiste sans vouloir en mettre plein la vue avec des effets visuels ou sonores un peu prétentieux. Les débats eux-mêmes, qu'ils soient politiques ou sociétaux, étaient plus posés, moins dans l'invective systématique. Les invités savaient s'écouter avant de s'opposer. Et puis personne ne s'insultait… La télévision-poubelle de Berlusconi, au début des années 1980, a vraiment tout saccagé.

À la radio, c'était le temps des copains. On était branché sur Europe n° 1, comme on disait. En mai 1968, j'écoutai la « révolution » en direct à Paris. Mais j'étais déconcerté. À quatorze ans, j'étais pour l'ordre. Comme mes parents gaullistes. Ma sœur, Sophie, qui était partie suivre une formation d'assistante sociale boulevard Pereire, était présumée en danger ce printemps-là ! Mes parents pensaient que la situation allait vraiment dégénérer et que les soviets allaient faire main basse sur le pouvoir. Un matin, en urgence, on est donc tous montés dans notre Simca Aronde et on est partis la récupérer *manu militari* à la sortie de son école. Par la vitre de la voiture, j'ai encore le souvenir ce jour-là d'un Paris déserté, comme vidé de son énergie, parcouru ici et là seulement par quelques mines inquiètes, pressées. Il flottait dans l'air des rues de Paris un parfum d'inquiétude sourde. Comme des millions de Français, au fond, ma famille et moi avons été immensément soulagés après la manifestation monstre sur les Champs-Élysées du 30 mai 1968. Le Général était conforté. La France semblait reprendre peu à peu ses esprits. Finalement, il fallait que tout bouge pour que rien ne change.

P

Présidents (de la République)

De Gaulle, Pompidou, Mitterrand,
Chirac, Sarkozy, Hollande, Macron.

Ma conscience politique s'est tranquillement éveillée au milieu des années 1970 à mesure que s'est développée ma culture cinématographique. Je viens d'un milieu plutôt conservateur, gentiment de droite. Mes parents étaient gaullistes et auraient sans doute trouvé normal que tous les Français le soient. Chez mon grand-père trônait religieusement un portrait du Général signé de sa main. C'était la classe ! Que ce soit côté paternel ou maternel, je n'ai pas eu à déplorer de « collabos » dans ma famille. Pas de taches indélébiles honteuses ! J'ai donc moi aussi été gaulliste de cœur à l'heure où l'on commence à s'ouvrir au monde qui nous entoure. Je me régalais des conférences de presse télévisées du grand Charles. Son numéro seul en scène frôlait le spectacle.

Si je n'ai gardé aucun souvenir des municipales de 1977 puis des législatives de 1978, je me rappelle très bien en revanche la présidentielle de 1981. Pour la précédente, en 1974, j'étais trop jeune. La majorité était encore fixée à vingt et un ans. Au début des années 1980, je me suis éloigné de Giscard. Je ne reconnais plus le fringant président de quarante-huit ans qui a commencé son mandat par pléthore de mesures progressistes et libérales. Les affaires se sont succédé au cours de son septennat (Fontanet, Boulin, de Broglie, Bokassa…) et nous ont laissé un goût très amer. À la fin, il est même un peu ridicule en monarque déchu, aigri. À vrai dire, je regrette Georges Pompidou. Un homme cultivé, élégant, rassurant, capable de citer quelques vers de Paul Éluard pour évoquer avec gravité le suicide de Gabrielle Russier, l'enseignante tombée amoureuse de son élève mineur. Une affaire qui avait bouleversé la France entière en 1969.

En 1981, je choisis donc François Mitterrand, même si j'ai toujours entendu dire, enfant, à la maison, qu'il avait eu une attitude trouble pendant la guerre d'Algérie, quand il était garde des Sceaux du gouvernement Guy Mollet, en 1956. Sans être militant, je suis redevable au premier président socialiste de la Ve République d'avoir aligné la majorité sexuelle des homosexuels sur celle des hétérosexuels. C'était une promesse courageuse de son programme. Et il l'a tenue malgré les pressions de toute sorte. Le milieu que je fréquente est, il est vrai, plutôt à gauche. Jamais, cependant, je n'ai été témoin de discussions politiques enflammées. Entre acteurs, réalisateurs et techniciens, on n'a jamais vraiment débattu sur le fond. En revanche, quand la menace de l'extrême droite se fera sentir par la suite, on saura serrer les rangs.

J'ai dû rencontrer François Mitterrand deux ou trois fois, guère plus. Lors d'une entrevue au Sénat avec une poignée d'artistes, je ne sais plus par quel détour le chef de l'État en est venu à évoquer les monarchies constitutionnelles européennes. Devant son auditoire attentif, il nous a soudain confié :

— S'il y a un roi que j'admire particulièrement, c'est bien Baudouin, le roi des Belges. Un être intelligent, profond, mystique, qui a la foi et défend ses croyances avec ardeur.

Chacun s'est regardé, intrigué. Pourquoi Baudouin et pas la reine Élisabeth II ou le roi Juan Carlos, par exemple ?

Mitterrand a ajouté, laissant planer un mystère :

— Baudouin est un ange tombé du ciel.

La formule a fait mouche. Nous sommes touchés par cet élan sincère où se mêlent l'estime et une pointe d'admiration.

Au printemps 1990, le roi Baudouin avait en effet pris la décision historique d'abdiquer momentanément pour ne pas avoir à signer la loi dépénalisant l'avortement dans son pays. Mitterrand ne cautionnait pas le fond de sa démarche, bien sûr, mais saluait le courage d'un homme qui avait préféré renoncer à ses fonctions plutôt que de renier ses convictions religieuses. Dans une lettre publique émouvante adressée à son Premier ministre, Baudouin avait écrit : « La liberté de conscience vaut-elle pour tous, sauf pour le roi ? » Par un subterfuge constitutionnel, la Belgique avait finalement trouvé la parade : offrir au roi la possibilité de se retirer dignement tout en permettant au gouvernement de faire passer son projet de loi controversé. Un Conseil des ministres spécial avait ainsi statué sur l'incapacité ponctuelle du roi. Dans la foulée, la loi avait été votée. Sitôt celle-ci entérinée, les chambres avaient levé cette disposition temporaire. Baudouin avait recouvré toutes ses prérogatives. La vacance n'avait duré que deux jours. À sa mort, fin juillet 1993, des dizaines de milliers de Belges se relaieraient jour et nuit à Bruxelles devant son palais pour lui rendre hommage. Cette histoire m'a tellement ému à mon tour que des années après j'ai souhaité produire un long-métrage sur « l'ange Baudouin » dont j'ai confié la réalisation à un Belge, Philippe Van

Leeuw (*Une famille syrienne*), et qui devrait sortir tôt ou tard dans les salles françaises.

Jacques Chirac, le successeur de François Mitterrand, m'a tout de suite séduit par l'empathie qui émanait de lui. On sentait qu'il aimait les gens. Quand il vous parlait, il s'intéressait vraiment à vous. Fin novembre 1995, j'ai ainsi été invité pour son anniversaire par Line Renaud. Ce soir-là, j'arrive très en avance à l'Élysée. Je me retrouve tout seul dans la cour d'honneur. On me fait ensuite patienter dans un salon. J'ai sous le bras une petite attention, un livre un peu rare déniché à la librairie La Hune, entre le Café de Flore et celui des Deux Magots. Nathalie Baye, qui m'escortait pour mon achat, aurait bien voulu que j'opte plutôt pour un beau livre sur l'histoire des bordels de Paris. Mais ce choix piquant m'avait tout de même semblé discutable pour un président de la République... Tout à coup, arrive vers moi un labrador flanqué d'un ruban bleu, blanc, rouge autour du cou. J'entends aussitôt une voix immédiatement reconnaissable :

— Ah ! monsieur Besnehard. On m'a dit que vous étiez là. Mais vous êtes très en avance... Avec toutes ces grèves, les autres risquent d'arriver bien en retard (c'était l'époque des grandes manifestations contre la réforme des retraites – déjà – et de la Sécurité sociale du gouvernement Alain Juppé).

Venez, on va se réconforter. On va boire un verre ou deux en attendant...

— Je vous ai apporté un petit cadeau, monsieur le président.

— Ah, mais pourquoi donc ?

— C'est bien votre anniversaire, non ?

À cet instant, je me dis qu'il aurait sûrement préféré le livre sur les bordels...

— Quel est votre travail exactement, monsieur Besnehard ?

— Je suis agent artistique, vous savez. Je veille sur les actrices et les acteurs...

— Oui, vous devez trouver du boulot pour Line ! Il sourit. C'est facile pour elle en ce moment ?

— Ça marche pas mal. Elle a bien mené sa reconversion.

— Et vous vous occupez de qui d'autre sinon ?

— Béatrice Dalle, notamment...

— Est-elle enfin sérieuse ?

— On a également un ami commun, monsieur le président : Christophe Lambert.

— Ah, Christophe ! Lui, il faut qu'il arrête ça... Il fait le geste de celui qui boit trop.

À cet instant surviennent Vincent Lindon, Claude Chirac puis Line et d'autres invités. Bernadette Chirac propose de nous faire visiter les lieux. Elle porte bien sûr son incontournable sac à main. La première dame amorce son tour du propriétaire.

— Vous allez le constater, c'est très sale, dit-elle en soupesant des rideaux. C'est mal entretenu, ajoute-t-elle l'air dégoûté. Je suis désolée. Mme Mitterrand n'était vraiment pas une femme d'intérieur.

Elle se baisse, soulève un coin de tapis.

— Regardez ! Vous avez vu la poussière ?!

— Mais ce n'est pas à vous d'entretenir tout ça. Vous avez bien du personnel..., coupe Vincent Lindon.

— Oui, mais il faut surveiller une maison, Vincent !

Tout est clair et spontané avec les Chirac. À l'image de ce président attachant, un peu dégingandé, que viennent d'élire les Français six mois auparavant.

Avec son successeur Nicolas Sarkozy, tout a commencé au cinéma. Je tiens un second rôle dans *La Conquête*, le film que Xavier Durringer a consacré en 2011 à l'ascension de « Sarko », de 2002 à 2007. Je joue le cynique et sarcastique Pierre Charon, conseiller UMP de Paris, grand amateur de chasse au gros gibier. Le tournage s'est déroulé dans une semi-clandestinité, car au même moment le principal intéressé occupe l'Élysée.

Quelques années auparavant, lors de la campagne présidentielle de 2007, où je soutenais publiquement Ségolène Royal, je me rappelle encore combien étaient électriques les dîners auxquels j'assistais : à chaque fois le ton montait, les invectives fusaient et ça se terminait souvent par des verres d'eau jetés à la figure. Chacun devait prendre parti : être pour « Ken » ou pour « Barbie » ! C'était tout le temps véhément et rarement satisfaisant.

François Hollande, lui, fut l'homme de la synthèse impossible. À vouloir concilier tout et son contraire durant son mandat, il s'est certainement éparpillé politiquement. En revanche, humainement, il est resté le même : généreux, drôle, spirituel, curieux. Comme je suis un très bon ami de sa compagne, Julie Gayet, je le côtoie régulièrement. Et l'on passe toujours d'excellents moments.

Enfin, le dernier en date, Emmanuel Macron… Je l'ai connu quand il était encore un fringant banquier. Il m'arrivait de le croiser à des dîners organisés par Pascal Houzelot, homme de réseau et fondateur de Pink TV, au cours desquels j'avais l'impression de jouer à « bouffon, fais-moi rire… » Le jeune Macron était discret, toujours aimable, très vif d'esprit. Il écoutait beaucoup, parlait peu. Mais on devinait, sous son apparente réserve, qu'il captait tout et se délectait des moindres travers de l'âme humaine.

Q

Questionnaire (revu) de Proust

« Bien faire et se tenir en joie. »

Marcel Proust est adolescent quand il répond au questionnaire qui portera un jour son nom. Ce test de personnalité, traduit d'un jeu en vogue dans la bourgeoisie britannique de l'époque, lui est soumis par Antoinette Faure, la fille cadette du futur président de la République, Félix Faure. Près de cent quarante ans plus tard, je me suis amusé à mon tour à me livrer à cet exercice d'introspection plus intime et plus profond qu'on ne le pense.

Ma vertu préférée

La loyauté, sans hésiter. Ce contrat moral secret qui nous lie avec nous-même.

La qualité que je préfère chez un homme

Le trouble.

La qualité que je préfère chez une femme
Le mystère.
Le principal trait de mon caractère
L'enthousiasme.
Ce que j'apprécie le plus chez mes amis
La fidélité.
Mon principal défaut
J'ai parfois tendance à me précipiter, à m'emballer trop rapidement. Assurément le pendant négatif de mon insatiable curiosité.
Mon occupation favorite
Voir (et aimer) des films, encore et encore.
Mon idée du bonheur
J'aimerais rester toujours curieux des gens, des événements, de la vie en somme.
Quel serait mon plus grand malheur
Devenir aveugle.
L'endroit où je voudrais vivre
Paris, XVIIe arrondissement. Là où j'habite depuis des décennies !
Ma couleur préférée
Le bleu pastel, celui qui a fait la richesse du pays de Cocagne pendant des siècles. Un bleu doux, presque laiteux, à la fois élégant et apaisant.
La fleur que j'aime
J'adore la jacinthe. Elle réchauffe et illumine nos hivers. Une fleur pour mon anniversaire, en février. Au printemps et en été, j'aime les lys blancs, si purs

et si majestueux, ainsi que le jasmin. Je ne pourrais pas vivre sans le parfum des fleurs.

L'oiseau que je préfère

La mouette. Elle symbolise la mer, l'appel du grand large, la liberté. Quand je suis à Houlgate, des mouettes me tournent autour en criant et viennent parfois prendre le petit déjeuner avec moi en terrasse.

Mon plat préféré

Le riz au lait. Une sacrée gourmandise !

Ma boisson préférée

Le champagne. Et de préférence le brut de la maison Drappier, celui choisi par le général de Gaulle pour ses réceptions privées à Colombey-les-Deux-Églises.

Le son ou le bruit que je préfère

Le souffle du vent. Surtout quand je suis blotti, bien au chaud, sous ma couette.

Le mot de la langue française que j'aime particulièrement

Irrésistiblement. Et pas seulement pour la chanson de ma chère Sylvie Vartan en 1968. Ce mot véhicule une énergie, un allant, une force à laquelle on finit par céder inéluctablement. « Tout m'entraîne, irrésistiblement, vers toi comme avant/Tout m'enchaîne, irrésistiblement, à toi je le sens. »

Mon prénom féminin préféré

Geneviève. C'est délicieusement démodé. Ce prénom n'est pas encore revenu en grâce. Mais, avec ce livre, il va l'être, non ? J'aime beaucoup Gisèle, là encore un prénom un peu oublié, gentiment désuet.

Mon prénom masculin préféré

Hubert. Certes, c'est celui de mon « sauveur » lors de mon accident cardiaque. Mais ce n'est pas l'unique raison, bien sûr. J'aime à la fois sa sonorité et la solennité qu'il dégage.

Mes auteurs préférés en prose

Maupassant, Modiano et Balzac. Voilà mon podium littéraire incontesté, qui se détache loin devant les autres.

Mon poète préféré

Paul Éluard, sans doute.

Mes compositeurs préférés

Je ne me lasse jamais d'écouter *La Moldau*, de Bedrich Smetana, non plus que l'opéra *La Bohème*, de Giacomo Puccini, et plus particulièrement l'air de Mimi.

Mon héros dans la vie réelle

Le roi belge Baudouin, pour son intégrité et son mysticisme.

Mon héroïne dans la vie réelle

Dalida, bien sûr. Intégrité et mysticisme également.

Mon personnage de fiction favori

Louis Mandrin, ce hors-la-loi au grand cœur sous le règne de Louis XV. Ce contrebandier généreux, que l'on surnommait « Belle Humeur », achetait des marchandises à l'étranger qu'il revendait ensuite, détaxées, dans les campagnes françaises. À sa manière, il luttait contre la vie chère au profit des gens de peu ! Et puis, j'ai en mémoire le *Mandrin* de Jean-Paul Le Chanois (1962), un formidable film de cape et d'épée avec Georges Rivière dans le rôle-titre, mais aussi Silvia Monfort, Jeanne Valérie, Georges Wilson et Dany Robin.

Le moment historique que j'aurais aimé vivre

Je me serais bien vu vivre à l'époque de la Renaissance, au tout début du XVIe siècle, quand la France des Valois s'extirpe de ce long Moyen Âge pour s'ouvrir aux innovations artistiques et aux idées nouvelles. Et puis, plus récemment, je crois que j'aurais adoré connaître les Années folles du début des années 1920, quand on croyait naïvement qu'il n'y aurait plus jamais de guerre en Europe et que l'on a basculé collectivement dans une sorte d'insouciance et d'euphorie pour exorciser blessures et souffrances.

Le don de la nature que j'aimerais avoir

J'aurais aimé avoir le don des langues. Être polyglotte. J'admire ceux qui en maîtrisent quatre, cinq ou six. Ils passent aisément, sans effort apparent, de l'une à l'autre. Ils jonglent avec les accents, les intonations, la musicalité des phrases. C'est assez prodigieux.

Ce que je changerais de mon apparence

Dame Nature aurait pu être plus conciliante encore en faisant en sorte que je grossisse moins facilement.

Si je devais me réincarner
Je m'imagine en chat siamois détendu, épanoui, bien nourri. Pas un chat de gouttière efflanqué et malheureux.
La faute qui m'inspire le plus d'indulgence
Le mensonge. Parfois nécessaire, hélas…
Mon état d'esprit actuel
Garder la forme coûte que coûte.
Ma manière de mourir
M'éteindre en douceur et sans douleur, sans m'en rendre compte, même si j'ai bien conscience que ce n'est pas très original.
Ma devise favorite
« Bien faire et se tenir en joie. » La vertu prônée par Spinoza. La joie nous aide à persévérer dans notre être. Elle nous permet de vivre mieux.

R

Rwanda

« Il me plaît d'imaginer que Paris, pour se faire pardonner, aide Kigali à se doter d'un théâtre ou d'un lieu de culture d'envergure nationale pour souder les hommes et les peuples entre eux. »

J'ai rarement été touché à ce point dans ma vie. S'il y a un endroit sur terre où j'ai failli m'évanouir, submergé par l'émotion, c'est bien à Kigali, capitale du Rwanda, au Mémorial du génocide. Pendant longtemps, ce petit pays francophone d'Afrique de l'Est que j'avais même du mal à situer sur une carte n'a pas évoqué grand-chose pour moi : c'était celui des grands singes, des mille collines et d'une guerre tribale que je croyais fratricide entre deux ethnies, les Hutus et les Tutsis. Voilà à peu près l'étendue de mes connaissances au milieu des années 1990.

À cette époque, comme beaucoup de Français, j'étais polarisé par une autre guerre plus proche de nous, celle de Bosnie, et happé par un leader charismatique nommé Nelson Mandela, qui ferraillait contre l'Apartheid en Afrique du Sud et accaparait toute la lumière médiatique. Un quart de siècle plus tard, notre regard a changé. Nous savons depuis que la France n'est pas exempte de tout reproche au Rwanda, qu'elle porte même une lourde part de responsabilité – comme la communauté internationale du reste – dans cet horrible massacre de masse perpétré au printemps 1994 qui a fait près de huit cent mille morts en trois mois !

Novembre 2021. Je suis invité à dîner chez Line Renaud. Emmanuel Macron et son épouse, Brigitte, figurent parmi les convives. Au cours de la soirée, la conversation glisse naturellement sur le dernier Festival d'Angoulême, auquel les Macron ont assisté l'été précédent.

— C'était vraiment un bon cru cette année, lance la Première Dame. Quel sera le prochain pays invité ?

Avant que Marie-France Brière, ma complice et partenaire du Festival, ou moi ne répondions, Emmanuel Macron lance du tac au tac :

— Et si vous mettiez à l'honneur le Rwanda ?

Sourires entendus. Avec Marie-France, nous validons tout de suite cette excellente idée. Le président de la République ne vient-il pas de rendre public le volumineux rapport de l'historien Vincent Duclert sur le rôle trouble de Paris durant cette tragédie ? Dès le lendemain, nous menons l'enquête et constatons que la France vient tout juste de rouvrir son institut français à Kigali après sept ans de fermeture pour cause de glaciation diplomatique. Mieux : cet établissement culturel a pour directeur délégué Johan-Hilel Hamel, ex-directeur de la culture de l'agglomération d'Angoulême, que Marie-France et moi connaissons et apprécions de longue date. Les planètes commencent à s'aligner… Nous sommes de plus en plus persuadés que le FFA se grandirait à honorer le Rwanda et sa culture le temps d'une édition. Hamel se montre évidemment enthousiaste. Et nous voilà partis à plus de six mille kilomètres de Paris.

À notre arrivée, Johan-Hilel, notre guide improvisé, nous emmène nous recueillir au mémorial de Kigali. Et là, le choc ! On voit des photos de visages d'enfants en couleurs, des crânes alignés, des os empilés, des habits lacérés. Toute l'horreur de ce génocide des Tutsis nous saute aux yeux. Soudain, je me sens honteux, sale. Je me dis que nous, Français, n'avons pas été collectivement à la hauteur de ce drame insupportable. Je me dis que Paris s'est couvert de honte en soutenant jusqu'au bout le régime pro-hutu du président assassiné Habyarimana.

Bien sûr, nous avons aussi pris le temps de découvrir le pays. Je suis frappé par la beauté des paysages, la verdure environnante, la propreté des lieux, la résilience et la tolérance dont les Rwandais font preuve au jour le jour. Pas de traces d'homophobie, pas de corruption apparente, pas de bureaucratie pléthorique tatillonne, pas de gabegie au sommet de l'État, pas de menace islamiste : le pays semble être devenu la belle vitrine de l'Afrique. Un pays moderne, tourné vers l'avenir, voulant s'extirper du chaos et de la désolation qui ont menacé de l'engloutir. Là-bas, les femmes jouissent d'une vraie reconnaissance sociale. Elles jouent un rôle clé dans le mouvement de réconciliation nationale depuis un quart de siècle. Si Jean-Luc Mélenchon était entré à l'Élysée au printemps 2022, je serais peut-être allé vivre quelque temps à Kigali ! Une certitude cependant : je sais au fond de moi que je retournerai là-bas un jour ou l'autre.

De retour en Charente, nous préparons, avec Marie-France, notre coup de projecteur sur le cinéma rwandais. Nous voulons montrer aussi bien des documentaires sur les atrocités du génocide dont la France ne peut s'exonérer (*Tuez-les tous !*, de Raphaël Glucksmann, David Hazan et Pierre Mezerette, ou bien *Mères courage*, de Léo Kalinda, ou encore *Le Silence des mots*, de Michaël Sztanke et Gaël Faye) que des fictions sur cette tache indélébile de l'histoire (*Le Jour où Dieu est parti en voyage*, de Philippe Van Leeuw ; *Opération Turquoise*, d'Alain Tasma ; et bien sûr *Petit Pays*, d'Éric Barbier). Nous proposons à la Rwandaise Isabelle Kabano, récompensée en 2020 par le Valois de la meilleure actrice pour son rôle d'Yvonne dans *Petit Pays*, de rejoindre le jury de cette quinzième édition du FFA, présidé par André Dussollier. Nous décidons enfin de monter une table ronde qui s'intitulera « Résilience, facteur de progrès et de culture ». Le jour J, à Angoulême, la salle est pleine. Attentif, presque recueilli, le public accueille la parole des orateurs avec solennité. Notre seule déception tient à l'absence remarquée de ministres ou de personnalités de premier plan du gouvernement de Paul Kagame, le président rwandais.

Quelques jours après la clôture du festival, j'apprendrai de la bouche du président Macron que Paul Kagame lui-même n'a jamais été informé de notre initiative en faveur de son pays. Un comble ! Manifestement embarrassé, l'ambassadeur du Rwanda à Paris, qui n'a même pas pris la peine de remercier le maire d'Angoulême et son équipe, m'explique maladroitement que plusieurs ministres ont changé de poste récemment. D'où les atermoiements et les déperditions d'informations.

J'ai quand même du mal à croire à ce cafouillage au sommet… Quelle déception ! Je pense, hélas, qu'une partie des élites rwandaises n'ont pas encore totalement évacué leur ressentiment envers leurs homologues françaises. Certaines plaies ne sont toujours pas cicatrisées. Aujourd'hui, il me plaît d'imaginer que Paris, pour se faire pardonner, aide Kigali à se doter d'un théâtre ou d'un lieu de culture d'envergure nationale qui soude les hommes et les peuples.

S

Sommeil (éternel)

« J'ai été entre la vie et la mort pendant plusieurs jours. »

La mort, c'est le grand sommeil. Tu dors éternellement. Personne pour te réveiller. J'ai du mal à croire – je reste mesuré car il ne faut froisser personne là-haut – en un paradis quelconque. Je pense qu'il n'y a rien dans l'au-delà. Ce serait tellement rassurant de se dire que nous allons voleter tranquillement comme des petits anges libres et insouciants, batifoler dans « le Grand Tout ». Je ne me vois pas arriver là-haut et retrouver Dalida ou Jeanne Moreau tout sourire ! Je crois que j'ai envie d'être enterré et non incinéré. J'ai besoin de croire que je serai bien sous terre. Le jour du Jugement dernier, quand il faudra se relever, ce sera plus simple quand même ? En attendant, je prépare cet « après » mystérieux comme je peux. Si je ne le redoute pas, j'entends toutefois le repousser le plus tard possible. Nous avons si peu de temps pour accomplir ce que nous nous sommes fixé. Voilà pourquoi je ne néglige jamais mes rendez-vous médicaux. Je suis prévoyant. Je ne procrastine pas : je ne remets pas à demain tel ou tel examen. Je reste à l'écoute de mon corps sans être obnubilé par le moindre bobo. Cela étant, cela me touche, bien sûr, de voir autour de moi les actrices et les acteurs que j'ai tant aimés et souvent admirés décliner lentement mais sûrement.

J'ai le goût de la Toussaint, la religion des cimetières. Il s'y dégage une atmosphère tout à fait particulière. J'aime m'y promener. Seul. Comme dans les musées. Je regarde les bouquets de fleurs. Je ressens les ondes, les flux d'énergie de tous leurs occupants permanents. J'aime lire les noms inscrits sur les pierres tombales. J'imagine des vies anonymes, des joies et des peines, des drames, des espérances et des croyances. Je fais des castings imaginaires avec tous ces inconnus dont certains n'ont pas eu la vie dont ils rêvaient ou qu'ils méritaient. Au fond le cimetière, c'est un petit théâtre sous terre qui s'ignore.

Pour ma part, j'aimerais être inhumé à Houlgate, cette station balnéaire du Calvados où tout a commencé pour moi, et non à Vire, où reposent ma mère et une bonne partie des membres de ma famille. J'ai proposé à mon frère de m'y rejoindre. Daniel m'a répondu, comme dans une réplique de film : « Ah non ! tu vas me faire ch… même après ma mort ! » À Houlgate, j'ai la faiblesse de croire que l'endroit pourra devenir un modeste lieu de pèlerinage pour celles et ceux qui m'ont aimé sur notre vieille Terre. Car personne ne viendra à Vire, non ?

La vie est étonnante, tout de même. Tout aurait pu s'arrêter le dimanche 18 décembre 2022, près de la gare Montparnasse. La veille, j'ai participé à Châteauroux en direct à la soirée Miss France sur TF1 à l'invitation d'un des producteurs – non pas en défilant en maillot de bain mais en siégeant au sein du jury. Faute de train à cause des grèves, nous rentrons le lendemain matin en voiture. Nous sommes cinq dans un van. Devant ? Junior, le chauffeur, et mon ami Hubert. Au milieu, une ancienne Miss France et moi. Sur la banquette arrière, Francis Huster, qui essaie tant bien que mal d'apprendre des textes pour un de ses spectacles. En fin de matinée, nous arrivons place de Catalogne, derrière la gare Montparnasse, où la Miss doit prendre un train. Tandis que je discute avec lui, Huster se rend compte tout à coup que je tiens des propos incohérents :

— Je crois que Dominique fait un malaise, dit-il.

Je bascule dans un trou noir.

Branle-bas de combat dans la voiture. Junior s'arrête immédiatement. La Miss se met à pousser des cris puis à pleurer. Elle pense que je vais mourir, là, sur le siège, à côté d'elle. « Je ne veux pas que monsieur Besnehard meure. » Hubert a hurlé :

— Mais taisez-vous !! Il faut le sortir immédiatement. Aidez-moi à l'évacuer…

Je suis inconscient. Arrêt cardiaque. On me racontera la suite à mon réveil, trois jours plus tard, au service cardiologie de l'hôpital Georges-Pompidou. Hubert et Junior me hissent hors du véhicule. Et là, miracle ! Un jeune black ayant des notions de secourisme arrive par hasard pile à notre hauteur. Il s'arrête devant l'attroupement sur le trottoir. Il ne panique pas. Il me prodigue les premiers soins en me massant la cage thoracique vigoureusement et demande qu'on appelle le Samu. Deuxième miracle : quelques instants plus tard survient une voiture de pompiers qui doit sans doute revenir d'une mission. Les hommes descendent aussitôt et me prennent en charge au moment où déboule à son tour l'ambulance du Samu. Quelle incroyable double coïncidence ! Ce ne devait pas être mon heure, apparemment… Troisième et dernier miracle : je n'ai aucune séquelle. J'ai été entre la vie et la mort pendant plusieurs jours. Et à mon réveil, rien. Nulle paralysie, nulle perte cognitive.

Juste une ou deux côtes cassées sous l'effet du massage cardiaque salvateur. J'ai simplement un petit corps étranger en moi désormais : un défibrillateur automatique en implant, logé sous ma peau, qui régule les battements de mon cœur. Si j'avais pris le train ce matin-là, je n'aurais pas pu écrire ces lignes… Il me revient ici un vieux souvenir. Des années auparavant, une chiromancienne m'avait lu les lignes de la main. Elle avait relevé une « cassure nette » dans mon tracé, signe d'un accident grave. Le 24 décembre au soir, j'étais toujours à l'hôpital, sous observation. Les infirmières et les soignants, tous très attentionnés, ne m'ont pas quitté. C'était gai et un peu douloureux à la fois. Paradoxalement, ce fut le plus beau Noël de ma vie.

T

Tourments

« Mes kilos superflus ont-ils été ma carapace, mon bouclier naturel pour me protéger inconsciemment de mon surinvestissement affectif et psychologique ? »

« J'aime les gens qui doutent, les gens qui trop écoutent leur cœur se balancer… » Cette merveilleuse chanson d'Anne Sylvestre me correspond si bien. Je doute et je culpabilise beaucoup, encore aujourd'hui, alors que l'essentiel de mon parcours est derrière moi. J'ai toujours l'impression que je pourrais faire plus, faire mieux, tellement mieux ! Quand j'étais agent, c'était pire encore. Parce que je me sentais responsable de la carrière – donc d'une partie de la vie – de mes talents, je rembobinais trop souvent le film dans ma tête après coup : j'aurais dû faire ceci, dire cela, appeler untel, relancer tel autre, demander plus, concéder un peu, etc.

En ai-je fait assez pour elle ou pour lui ? Suis-je digne de la confiance qui m'a été accordée ? J'étais happé du matin au soir par les préoccupations et les angoisses de celles et ceux dont je défendais les intérêts. La plus grande peur d'un agent ? Chacun redoute un jour d'être tenu pour responsable du pire film de son poulain. Celui dont il aura honte toute sa carrière.

Longtemps je me suis senti coupable de ne pas répondre favorablement ou de ne pas répondre du tout à toutes les personnes qui me sollicitaient. Je ressassais encore et encore. Et puis j'ai compris que j'étais un de ceux qui en faisaient beaucoup trop. L'époque actuelle est à l'égoïsme. Et le cinéma n'y échappe pas. Dans un milieu déjà connu pour être autocentré, c'est devenu un fléau. Les gens ne se forcent plus. Ils n'agissent ou ne réagissent qu'en fonction de leurs intérêts.

Si le doute, loin de m'inhiber, me permet d'avancer, il induit chez moi une forme de culpabilité. Je m'en veux souvent *a posteriori*. Sans raison, visiblement, puisque durant mes vingt et une années passées chez Artmedia, un seul acteur m'a délibérément quitté : Lambert Wilson. Au milieu des années 1990, ce comédien âgé d'une trentaine d'années traverse une mauvaise passe. Il vient d'enchaîner plusieurs échecs commerciaux retentissants (*Un homme et deux femmes*, de Valérie Stroh ; *L'Instinct de l'ange*, de Richard Dembo ; *Jefferson à Paris*, de James Ivory ; *The Leading Man*, de John Duigan) et peine à trouver sa place. Lambert Wilson est l'héritier des « jeunes premiers » de tradition française, à la manière d'un Jean Marais ou d'un Georges Marchal dans les années 1940. Mais l'époque ne se prête plus à ce type de profil et il ne s'est pas encore tourné vers les comédies sociétales à succès (*On connaît la chanson*, *Jet Set*, *Palais Royal !*). Si bien qu'il tourne peu, dans des films qui ne marchent pas et dans des rôles assez difficiles. Un soir, au cours d'un dîner de travail, j'ai le tort de l'exhorter à fendre l'armure, à sortir de ce personnage un peu froid, un peu distant, qu'il s'est forgé malgré lui aux yeux des producteurs, des réalisateurs et du grand public. Hélas, j'ai dû m'y prendre bien maladroitement cette fois-ci en employant des mots qu'il ne voulait certainement pas entendre. Lambert accuse le coup. Dès le lendemain, il m'écrit une longue lettre pour mettre fin à notre collaboration avec effet immédiat. Bien sûr, cette rupture unilatérale m'a blessé. J'ai été touché dans mon amour-propre. Car il se noue tellement de choses entre un agent et son « talent ». Je m'en suis longtemps voulu de n'avoir pas su le retenir, de n'avoir pas pu l'accompagner jusqu'au bout dans cette période délicate de sa carrière. Et d'avoir abîmé notre relation.

Je doute donc je culpabilise. Cercle vicieux infernal. Être agent trop longtemps, c'est s'oublier totalement au risque de se perdre. Est-ce la raison pour laquelle j'ai beaucoup grossi ? Vingt kilos en vingt ans. Cela malgré des cures régulières à Brides-les-Bains à la fin de l'été. Mes kilos superflus ont-ils été ma carapace, mon bouclier naturel, pour me protéger inconsciemment de mon surinvestissement affectif et psychologique ? Un bon repas autour d'une bonne bouteille permet souvent d'atténuer l'impact d'une mauvaise nouvelle. Les coupes de champagne et les caramels s'avèrent des baumes irremplaçables. Il faudrait que je consulte le Dr Freud. Je suis taraudé et en même temps je me surprends à avoir du culot en toutes circonstances. Mais trop de culot peut parfois jouer des tours… Il me revient ici une anecdote assez cocasse. Je ne parlerai plus jamais d'un film ou d'une pièce que je n'ai pas vus ou lus, contrairement à certains que je connais dans ce milieu. J'ai payé pour le savoir…

C'était il y a bien longtemps, mais ce mensonge me hante encore. Ce fut un grand moment de solitude. Catherine Corsini (*La Nouvelle Ève*, *La Répétition*, *La Belle Saison*, *La Fracture*…) m'adresse un jour le scénario de son premier long-métrage,

Poker, pour l'une de « mes » actrices, Caroline Cellier. Je n'ai pas le temps de le lire. Elle si. Elle me fait confiance. Je sais juste que c'est l'histoire d'une femme à la Gena Rowlands dans un film de John Cassavetes : une femme accro au poker, qui se consume dans ce jeu d'argent au point d'être acculée par une dette *a priori* insurmontable. Seule issue ? Dévaliser son propre frère pour éponger son ardoise. À la seule évocation du pitch, du nom de l'auteur et après une lecture immédiate, Caroline me dit « J'adore ! Je le fais. » Avant de revoir Catherine, je lis environ la moitié du script. Ce thriller me paraît très bien ficelé. Tendu, efficace. Serein, je vais au rendez-vous. Mais là, au lieu d'avouer simplement à la réalisatrice que je n'ai pas terminé son scénario et trop content de pouvoir entériner ce projet qui offrira à Caroline le rôle principal, je m'entends encore lui dire :

— C'est bon. C'est super.

— C'est vrai !? Il n'y a rien qui te choque ?

— Mais non… je ne vois pas, dis-je, faisant mine de réfléchir.

— La scène de la mort du frère, tu es sûr ?

— Non, non. Pas du tout.

Je suis maintenant intrigué, mais n'en laisse rien paraître.

— Bon, c'est vrai que tu as les idées larges, toi. Tu es très ouvert. Sache quand même qu'il y a beaucoup de gens qui veulent que je retire cette scène. Je me demande si je ne suis pas allée trop loin malgré tout…

Je commence à flairer le piège qui se referme sur nous, Caroline et moi. La fin du scénario doit receler un moment particulièrement délicat ou scabreux que je n'ai pas encore repéré. Et je sens en quittant Catherine qu'elle a compris. Qu'elle est persuadée que je lui ai menti. Sitôt rentré au bureau, j'attrape le scénario, je dévore la seconde partie. Et là, consternation : je découvre que ledit frère de Caroline, juste avant de mourir, demande à sa sœur de lui faire une fellation[1] !

1. À la demande du producteur, la scène ne sera finalement pas tournée. Elle sera remplacée par une autre plus chaste, où le frère se contente d'embrasser sa sœur sur la bouche.

U

Une nostalgie

« J'ai parfois l'impression d'être un dinosaure. »

Il n'y a plus de papier. J'entends encore Michel Piccoli, le crâne rasé, éructer « Il n'y a plus de sucre ! » en ouverture du film *Le Sucre* de Jacques Rouffio (1978). Aujourd'hui, il n'y a plus de papier dans nos vies. Qui prend encore le plaisir d'acheter et de feuilleter un quotidien ? Qui écrit encore des lettres amicales ou amoureuses ? Qui fait encore tirer ses photos ? Qui prend le temps de composer des albums-souvenirs et de les consulter avec ses proches ? Nos vies sont confinées dans un *cloud* ! Un nuage numérique perché on ne sait où. Un « quelque part » abstrait, irréel, faussement éternel, qui disparaîtra en même temps que celui qui y a eu accès de son vivant. On ne laisse plus de trace autre que notre empreinte carbone irréversible.

Je suis heureux d'avoir vécu cette époque où l'on était content de tourner les pages de *France-Soir* chaque matin. Ce quotidien populaire de qualité regorgeait d'affiches de films, de critiques, de billets d'humeur culturels… C'était foisonnant et cela me mettait en joie pour la journée.

On vit une drôle d'époque. Certains avalent des séries télé, presque mécaniquement, pour tuer le temps, comme s'ils engloutissaient un paquet de bonbons. Sitôt consommées, sitôt oubliées. D'autres – souvent les mêmes et surtout les jeunes adultes – regardent des films techniquement impressionnants sur des écrans riquiquis et dans des conditions déplorables : au milieu d'une foule, dans le brouhaha du métro, dans la file d'attente de la boulangerie… C'est quand même paradoxal : jamais les chefs opérateurs n'ont autant soigné la photo, jamais le son n'a été aussi travaillé, et on ruine leurs efforts artistiques en bout de course. Quand le cinéma était diffusé le soir à la télévision sur des chaînes en clair, Bertrand Tavernier râlait déjà quand on voyait le logo de la chaîne incrusté en haut à gauche ou à droite de l'écran. Il considérait que cela dénaturait l'œuvre. Que dirait-il aujourd'hui, le pauvre ?

Pour d'autres, le cinéma serait moribond. « Notre » cinéma français croulerait sous une avalanche de mauvais films. Mais ces films-là, de toute façon, personne ne va les voir, non ? Plus généralement, arrêtons de stigmatiser les choix des uns et des autres. La diversité de l'offre en France est un luxe irremplaçable que beaucoup de pays nous envient. Chacun est libre de s'infliger ou non des navets. Le ton sentencieux, parfois condescendant et même virulent de certains critiques me fatigue tout autant. Au *Masque et la Plume*, on dirait ainsi que les fidèles chroniqueurs partent en croisade chaque semaine. Qu'ils surjouent l'indignation ou l'exaspération, comme s'ils se donnaient en spectacle. Qu'ils se reposent un peu, ça nous fera du bien. Cette émission historique ronronne quand même pas mal et, pour tout dire, sent un peu le formol.

J'ai parfois l'impression d'être un dinosaure. Une espèce en voie de disparition. J'aime l'ambiance d'une salle remplie, quand le noir se fait. J'aime entendre les gens partager leurs impressions, quand les lumières se rallument. J'aime les débats passionnés, parfois emplis de mauvaise foi, mais souvent revigorants. En fait, j'aime les échanges entre les gens autour d'une œuvre quelle qu'elle soit. Et, aujourd'hui, je sens que tout cela se perd.

V

Visuelle (pollution)

« Comment peut-on négliger à ce point le patrimoine hérité de nos ancêtres ? »

Il faut se désespérer de la pollution atmosphérique et du dérèglement climatique. Nos descendants nous haïront pour les ravages que nous avons causés durant notre passage sur Terre. Il est cependant une autre pollution, moins dommageable pour notre écosystème mais très pénible à supporter au jour le jour et qui nous envahit de plus en plus : la pollution visuelle. Toute cette laideur accumulée autour de nous !

Notre pays – et l'Europe entière aussi – est aujourd'hui défiguré. Nous sommes agressés silencieusement. Nos entrées de villes ne ressemblent plus à rien. Les cinémas de banlieue sont peut-être modernes à l'intérieur, mais peu engageants vus de l'extérieur. Les murs antibruit qui bordent les boulevards périphériques sont à vomir. Les graffitis, les détritus, les dessins obscènes, les panneaux publicitaires… Ils envahissent tout. La vue est gâchée. Partout, tout le temps. Et personne ne réagit vraiment. Comment peut-on collectivement tolérer une telle dégradation de nos espaces de vie ? Comment peut-on s'accommoder de ce vandalisme ordinaire ? Comment peut-on négliger à ce point le patrimoine hérité de nos ancêtres ? Or, dans le même temps, à Paris, on sacrifie les colonnes Morris qui ont fait le charme de la capitale pendant plus d'un siècle.

À l'échelle individuelle, les tatouages obéissent selon moi à la même logique. Pourquoi se défigurer délibérément ? Qu'est-ce que cela révèle des personnes qui les accumulent ? Veulent-elles surjouer la virilité ? Revendiquer leur indépendance d'esprit ou leur dureté apparente ? Exhiber leurs fantasmes ? Sont-elles victimes d'une mode qu'elles regretteront plus tard quand elles seront vieilles à la peau flasque et que leurs dessins corporels seront rabougris et quasi illisibles ? Quand je suis arrivé à Paris, à l'automne 1973, personne n'en exhibait dans la rue… J'ai fait un cauchemar récemment : mon amie Béatrice Dalle était constellée de tatouages, des pieds à la tête. Et elle hésitait à s'en ajouter un ultime, énorme, sur le front. J'étais catastrophé. Je lui disais que si elle continuait je ne la verrais plus. Je me suis réveillé en sursaut. Soulagé. Mais il m'est alors revenu un souvenir que je croyais avoir enfoui à jamais. J'ai vécu jadis une aventure avec un garçon qui fut un moment célèbre et qui avait un étonnant tatouage sur le sexe, lequel forcément changeait d'aspect selon l'état émotionnel de son propriétaire. Et rien que de l'écrire et de penser à ce qu'il s'est infligé pour parader ainsi, j'ai encore mal pour lui…

W

Wikipédia

« Ce site permet d'étancher sa soif de curiosité. »
« Je regrette le temps où l'on prenait celui de s'écrire. »

La première fois que j'ai eu accès à Wikipédia sur mon smartphone, je n'ai pas pu m'en détacher. Une nuit entière, j'ai parcouru avidement les biographies et les filmographies des actrices et des acteurs. J'étais comme un fou, flanqué d'un vertige que je n'avais jamais connu. Au bout des doigts, j'avais accès à une masse de connaissances qu'une vie entière naguère n'aurait pas suffi à rassembler. Ce site contributif gratuit est génial : il permet d'étancher sa soif de curiosité en quelques clics, de rester éveillé à peu de frais. Et pourtant, malgré Wikipédia, je trouve les gens du monde du spectacle de plus en plus atrophiés culturellement. Ils s'ouvrent moins aux autres, ils ne s'intéressent plus à ce qui leur est étranger. Ils vivent des carrières rétrécies.

L'irruption du téléphone portable il y a environ un quart de siècle a changé ma vie d'agent. Avant, je devais impérativement revenir à heure fixe au bureau et passer une série de coups de fil en priant pour que mes interlocuteurs aient eu la même (bonne) idée que moi au même moment. Quand on m'a offert mon premier mobile, sur le tournage de *Pédale douce* (Gabriel Aghion, 1996), j'étais ivre de cette nouvelle liberté. C'était la révolution ! Je revois encore Richard Berry, déjà initié, m'apprendre les rudiments du portable facile. Ce petit appareil, s'il nous pourrit la vie aujourd'hui, a quand même simplifié la mienne dans de grandes proportions des années durant. On peut regretter d'avoir un fil à la patte. Il n'empêche qu'on vivrait difficilement sans cela, à présent.

Cela étant, je dois avouer que je ne suis pas à l'aise dans notre monde du « tout-numérique ». Ça me panique ! Je regrette le temps où l'on prenait celui de s'écrire, de tourner joliment les mots. À présent, on se borne à envoyer des e-mails ou des textos et à poster des commentaires plus ou moins fins sur les réseaux sociaux. C'est d'une tristesse affligeante… Je dois être le seul à conserver religieusement des lettres que m'ont adressées Patrice

Chéreau ou Claude Sautet il y a des décennies. Parfois, je les relis et je me dis que la nostalgie est un bain délicieux dans lequel il fait bon se plonger de temps en temps.

X

X (facteurs)

« Béatrice Dalle, Marlène Jobert, Nathalie Baye… mes facteurs X, les facteurs clés de ma vie. »

Printemps 1985. Tout a commencé par une grimace. Une vraie, énorme, carnassière, presque simiesque. Béatrice Dalle s'exhibe en une de *Photo-Revue*, un magazine aujourd'hui disparu. Et on en prend plein la vue ! En charge du casting du film *37°2 le matin*, je suis à la recherche de l'actrice principale. Au départ, Jean-Jacques Beineix a écrit son scénario, adapté du roman de Philippe Djian sorti l'année précédente, en pensant à Valérie Kaprisky (*La Femme publique*, *L'Année des méduses*). Mais il s'est ravisé. On lui a ensuite proposé Isabelle Adjani. Nouveau refus. Entre-temps, le cinéaste de trente-neuf ans a mûri son choix : il sait désormais qu'il souhaite une inconnue. Une actrice en devenir. Une jeune personne qui apportera sa fraîcheur, son enthousiasme, son inexpérience aussi. Toutes choses qui serviront son personnage, passionné et déjanté, incandescent et imprévisible.

Pendant des semaines, la couverture de ce *Photo-Revue* m'a obnubilé. Je l'avais même punaisée face à mon bureau : comment une fille qui paraissait belle pouvait-elle faire une telle grimace ? Cette photo de Béatrice Dalle est peu à peu entrée dans ma tête. Il fallait que j'aille au bout de cette drôle d'énigme… Je contacte la rédaction du mensuel. J'obtiens le numéro de cette fille vraiment intrigante. Un soir, je l'appelle pour lui proposer de passer des essais avec d'autres apprenties comédiennes repérées dans des cours d'art dramatique ou recommandées par des agents artistiques.

— Je voudrais parler à Béatrice Dalle.

Je parle trop vite, de manière un peu sèche et mécanique. Je dois être à la fois intimidé et vaguement effrayé par la fameuse photo qui ne cesse de me hanter.

— De la part de qui ? répond une voix tout aussi cassante.

— Dominique Besnehard pour le film de Jean-Jacques Beineix.

— Ah oui ? Eh bien, rappelez-moi en étant plus poli et en disant « Bonsoir, je ne vous dérange pas ? »

Et elle me raccroche au nez.

Vexé de m'être fait moucher, plutôt mal à l'aise, je la rappelle néanmoins immédiatement. Je lui présente mes excuses et lui fais part de l'objet de mon appel. Cette fois elle m'écoute, je le sens. Je lui présente succinctement Jean-Jacques Beineix (*Diva*, *La Lune dans le caniveau*) – qu'elle confond avec Éric Rohmer, l'auteur des *Nuits de la pleine lune*. On discute ainsi quelques minutes. Rendez-vous est pris au Ruc Univers, le café situé face à la Comédie-Française, à mi-distance de chez elle et des studios de Boulogne, où elle ne veut pas se rendre pour des essais parce qu'elle n'a pas l'argent pour un taxi et qu'elle n'aime pas prendre le métro. Le Ruc Univers sera parfait. Je raccroche, convaincu que cette fille est unique. Elle a exactement l'aplomb et l'insolence de Betty, le personnage du film. Elle a une voix très enjouée. Pourvu qu'elle soit belle !

Jour J. Tandis que je discute avec Jacques Bonnaffé, l'acteur que j'envisage un temps pour lui donner la réplique (finalement, on optera pour Jean-Hugues Anglade), déboule Béatrice Dalle en marinière à manches courtes et grandes créoles aux oreilles. Là, avant même de la saluer et de l'inviter à prendre place, je suis frappé par sa bouche : épaisse, très grande, presque démesurée. En une fraction de seconde, je sens que tout s'écroule. *Comme c'est dommage, cette fille a l'allure, le physique, le tempérament du personnage, mais des lèvres aussi voluptueuses, ça ne passera jamais à l'écran…* À cet instant, j'oublie un peu vite que des grandes stars de cinéma, figures érotisées de notre imaginaire, ont parfois de belles et grandes bouches désirables : Brigitte Bardot, Sophia Loren ou encore Jeanne Moreau. Plus près de nous, on pourrait citer Julia Roberts ou Anne Hathaway.

Béatrice s'assoit en notre compagnie. Le pauvre Jacques Bonnaffé est totalement éclipsé. Je ne vois plus qu'elle désormais. Je suis scotché par cette fille de vingt ans, à la présence animale et à l'énergie féroce, drôle et culottée dans ses propos. J'ai l'impression de voir Betty prendre vie devant moi. J'oublie sa bouche, trop grande, trop gourmande. J'oublie ses formes, peut-être trop généreuses. Je ressens un vrai coup de foudre artistique. Ça n'arrive pas souvent dans une carrière d'agent, mais quand ce miracle survient il ne faut surtout pas le gâcher. Pour gagner du temps et arranger au plus vite un rendez-vous avec Beineix, je fonce lui acheter le roman de Philippe Djian à la librairie à deux pas de la Comédie-Française. Le livre vient de sortir, il est exposé en vitrine. Je prends un exemplaire. Au moment de payer, le libraire – que je ne connais pas – regarde Béatrice et nous lance :

— En tout cas, mademoiselle serait parfaite pour le rôle !

L'homme aurait dû être voyant. Non seulement l'ouvrage séduisait les libraires, mais la préparation du film trouvait de surcroît un écho très favorable chez les jeunes comédiennes. « Betty » sera un phénomène générationnel. Un personnage culte. Le sex symbol français des années 1980. Ce jour-là, le destin de Béatrice était en marche. Elle s'apprêtait à devenir Betty[1], à être une actrice. Elle allait entrer dans l'histoire du cinéma français… et accessoirement dans ma vie.

J'aurais aimé être un démiurge. Avoir le pouvoir de façonner *la* Femme : ce serait le portrait de Béatrice qui apparaîtrait en pointillés comme celui du futur président un soir d'élection sur une chaîne de télévision. Béatrice est non seulement une beauté singulière – sa peau blanc satiné contrastant avec sa chevelure noir de jais, son regard marron clair passant en un éclair de la langueur à la sensualité fougueuse – mais aussi et surtout une belle personne.

En trente-cinq ans de carrière, Béatrice a côtoyé les univers les plus variés du cinéma, ceux de Marco Bellocchio, Jacques Doillon, Claire Denis, Jim Jarmusch, Abel Ferrara, Michael Haneke, Olivier Assayas, Christophe Honoré ou Claude Lelouch et Diane Kurys. À chaque cinéaste, elle a offert son

1. Le film est sorti en salles en avril 1986.

intégrité, sa générosité, sa vérité, quitte, parfois, à se perdre, s'oublier, dépasser les limites communément admises du jeu dramatique pour frôler une sorte de folie romanesque. Elle m'a fait vivre des nuits d'angoisse tant elle vivait intensément tout ce qu'elle entreprenait. J'ai même consulté des voyantes qui m'ont assuré qu'elle n'allait pas mourir prématurément. Au sommet de sa gloire, elle aurait pu partir en Amérique. On le lui a proposé. Elle a toujours refusé. En France, elle aurait pu tourner aussi dans quantité de comédies populaires. Elle a pareillement décliné.

Béatrice Dalle serait cette actrice qui ne joue pas mais vit ses rôles. Avec elle, on ne parle plus de tempérament ni de naturel, on dépasse l'interprétation réaliste, on bascule dans autre chose, de plus éruptif, de plus périlleux. Elle a ce côté fatal et volcanique auquel personne n'échappe. La caméra l'a tout de suite aimée et ce fut réciproque. Elle aura été la plus grande récompense de mes fabuleuses années « casting »… et en même temps « mon Beyrouth » ! Elle le reconnaissait elle-même, du reste. Avec elle, mes nuits d'anxiété nourries de ses excès en tout genre (drogue, vols à l'étalage…) auront été à la hauteur de nos joies partagées. Un jour, elle m'a dit « Si tu n'étais pas là, je serais morte depuis longtemps ! »

Tel un félin, Béatrice est toujours retombée sur ses pattes. Tandis que sa carrière patinait au cinéma, elle s'est relancée au théâtre il y a une dizaine d'années, d'abord avec *Lucrèce Borgia*, de Victor Hugo, puis avec *Pier Paolo Pasolini*, une lecture musicale conçue par Virginie Despentes, ou encore avec *Warm*, le poème sonore mis en scène par David Bobée. La cinquantaine passée, elle est parvenue à s'inventer un avenir. Ce qui est loin d'être évident pour une actrice française. Elle pourrait être demain une nouvelle Anna Karina, un roc que rien n'effraie, qui touche le public au cœur à chacune de ses apparitions.

Aujourd'hui, Béatrice est épanouie, apaisée, sereine. Son instabilité sentimentale est derrière elle. Elle ne cherche pas à avoir vingt ou trente ans comme certaines. Elle ne triche pas. Elle ne jalouse personne. Elle n'est pas arriviste. Elle est respectée de tous dans le milieu. C'est un peu notre Anna Magnani. Le grand public l'a peut-être délaissée, mais elle est toujours là. Elle reste à part. Et nul n'a oublié qu'elle a été la première femme en 1992 à « moucher » publiquement Patrick Poivre d'Arvor sur un plateau de télé bien avant la vague #MeToo : « Et vous, est-ce que vous regrettez les lettres d'amour que vous m'avez envoyées ? » À la fin du journal télévisé, quand elle avait quitté le plateau, beaucoup de gens l'avaient spontanément applaudie chaleureusement. Le président, François Mitterrand, l'avait appelée en personne au téléphone le lendemain pour la féliciter !

S'il y eut Béatrice, il y eut aussi Marlène et Nathalie… Mes deux autres facteurs X, les facteurs clés de ma vie.

J'ai treize ans. Je découvre Marlène Jobert dans *Alexandre le Bienheureux*, d'Yves Robert. En sortant de la salle ce jour-là, j'ai compris qu'elle serait l'actrice de ma vie. Pendant près de quinze ans, elle sera l'une des comédiennes les plus aimées des Français au même titre que Romy Schneider et Annie Girardot. Elle sera surtout la star la plus accessible de notre cinéma. Elle charme les hommes sans déplaire aux femmes : les premiers peuvent fantasmer de vivre une aventure avec elle quand les secondes rêvent de s'en faire une copine. Qui aurait peur d'une petite rousse piquante et mutine ?

Avec Marlène, c'est une histoire d'amour platonique. Je suis d'emblée touché par sa voix, son phrasé acidulé, son énergie pétillante, son insolence savoureuse et sa désarmante franchise. Quand elle émerge, à la fin des années 1960, elle est différente de toutes les autres. Ni blonde diaphane, ni brune volcanique. C'est notre Shirley MacLaine ! Une tanagra, du nom de cette figurine grecque antique réputée pour sa finesse et sa grâce.

Marlène était douée, instinctive devant une caméra, capable de passer du rire aux larmes dans la même scène sans jamais donner l'impression de surjouer. En une soirée face au Tout-Paris, elle devint une vedette à vingt-deux ans dans la pièce *Des clowns par milliers*, d'Herb Gardner, en donnant la réplique au grand Yves Montand au théâtre du Gymnase. Au début des années 1990, elle a tout plaqué. Comme Brigitte Bardot avant elle, Marlène a quitté ce drôle de monde du cinéma avant qu'il ne la quitte : elle a décidé de donner la priorité à sa vie privée, d'élever ses jumelles (Joy et Eva). Elle a su laisser une trace indélébile en relativement peu de temps.

Avec Nathalie Baye, ce fut encore autre chose. Nous nous sommes rencontrés en 1981 dans un ascenseur, dans les bureaux du producteur Alain Sarde, lors de la préparation du casting d'*Une étrange affaire*, de Pierre Granier-Deferre. De sa voix douce et classe, elle m'a dit pour briser la glace : « Ah c'est vous, Dominique Besnehard… Pierre Granier-Deferre m'a parlé de vous. » Entre nous, ça a tout de suite collé. Je l'ai adorée et je crois que c'était réciproque. Nous avons rapidement noué une belle complicité. Naturelle, évidente. Je l'avais vue – mais uniquement sur scène – huit ans auparavant, à mon arrivée à Paris. Elle avait vingt-cinq ans et jouait dans *Liolà*, de Luigi Pirandello, au théâtre d'Aubervilliers avec Lucien Barjon, Renée Faure, Catherine Gandois et Philippe Léotard.

Durant les années 1970, elle est montée en puissance petit à petit (*La Gifle*, *L'Homme qui aimait les femmes*, *Mon premier amour*, *La Chambre verte*…)

avant d'éclater tout à fait aux yeux du grand public avec son premier « premier rôle » dans *Une semaine de vacances*, de Bertrand Tavernier, en 1980. Puis elle a confirmé dans *Le Retour de Martin Guerre*, de Daniel Vigne, en 1982 (César du meilleur scénario, de la meilleure musique et du meilleur décor l'année suivante), tournage au cours duquel nous sommes vraiment devenus amis pour la vie.

Comme Marlène, Nathalie a toujours eu un côté « *girl next door* ». Et d'ailleurs, « mes » deux actrices s'entendaient très bien. Dans une certaine mesure, elles se sont succédé dans le cœur des Français. L'une avait du piquant ; l'autre, du charme. Nathalie était à la fois sexy et féminine comme une femme du quotidien : ni vamp, ni diva, ni starlette, ni midinette. Elle pouvait incarner aussi bien une « bobo » avant l'heure qu'une provinciale (elle jouera du reste dans un film du Suisse Claude Goretta intitulé *La Provinciale*), un médecin qu'une décoratrice. Son jeu reposait sur la sincérité, la simplicité. Elle n'était jamais excessive. En cela, elle inspirait beaucoup de metteurs en scène puisqu'elle était un peu l'incarnation de la Française des années 1980.

Elle a connu sa traversée du désert, à la toute fin de cette décennie enchantée pour elle, avant de se relancer brillamment en 1990 dans le film de Nicole Garcia *Un week-end sur deux*. Pour cela, elle a eu l'intelligence de ne pas céder aux sirènes de la télévision, car en ce temps-là, les passerelles entre les deux écrans étaient périlleuses. Tourner dans un téléfilm vous « grillait » pour le cinéma. Contrairement à d'autres, Nathalie a bien vieilli à l'écran. Chaque Française a pu s'identifier à elle, que ce soit dans *La Fleur du mal*, *Vénus Beauté (Institut)* ou *Le Petit Lieutenant*. Le public l'a accompagnée pendant quarante ans. Au fond, elle a su être l'actrice du « milieu » : elle n'a jamais connu l'ivresse d'un succès planétaire non plus que la déprime d'un bide retentissant. Elle s'est rendue incontournable malgré l'absence de film générationnel. Elle a glané quatre César de la meilleure actrice (dont deux pour un second rôle et trois consécutifs), ce qui fait d'elle la Française la plus récompensée derrière Isabelle Adjani (cinq trophées). Elle a toujours travaillé ses rôles à l'anglo-saxonne. D'elle, on dit qu'elle est une vraie actrice. Elle a une soif inextinguible de jeu, elle a un appétit féroce, contrairement à Marlène à la fin, qui était passée à autre chose. Au fond, avec le recul, Nathalie Baye me fait un peu penser aujourd'hui à Julianne Moore. Et c'est un sacré compliment !

Y

Yin et Yang

« Chacun recèle en lui deux énergies opposées, interconnectées mais complémentaires. »

Trois mois. C'est le temps que m'a accordé Robin Davis pour boucler le casting de son prochain film, *Hors-la-loi*. En cet été 1984, j'ai trois mois pour trouver une quinzaine d'adolescents qui joueront une bande de délinquants juvéniles. L'année précédente, Francis Ford Coppola a sorti *Outsiders*, un film choral où s'affrontent deux bandes rivales de l'Oklahoma en 1965. Et parmi ces acteurs prometteurs, on a vu émerger Matt Dillon, Patrick Swayze, Tom Cruise ou encore Diane Lane.

Je rencontre tous les jeunes acteurs et actrices de la place de Paris. Je suis à l'affût de la moindre piste. Je me sens en mission : je dois absolument trouver ces nouveaux visages, dont l'un sera l'interprète principal. Mes auditions patinent quand, un jour, je tombe sur un moyen-métrage d'une trentaine de minutes, *Le Voyage à Deauville*, signé d'un jeune assistant monteur, Jacques Duron. On y suit la virée de deux copains le temps d'un week-end, dont l'un est un mélange de douceur angélique et de violence contenue. Je ressens immédiatement un flash. Cet inconnu pourrait être la pépite que je recherche. Avec Robin, on convient aussitôt de le recevoir. Mais nous avons un mal fou à le retrouver. À l'époque, il n'y a ni téléphones portables ni internet. Pas de traces numériques donc. Finalement, on parvient à le localiser. Il vient aux essais. Il s'appelle Patrick Aurignac. Il y a du James Dean en lui. Un Gavroche des temps modernes. Il n'a pas d'équivalent dans le cinéma français.

Les jours passent. Ma sélection s'affine. Je procède à ma dernière vague d'essais. Patrick figure bien entendu dans ma *short list*. Mais, de nouveau, impossible de le joindre. Il s'est évanoui dans la nature. Au téléphone, je tombe sur son père, très âgé, qui m'avoue qu'il ignore totalement où se trouve son fils. Il me dit surtout de l'oublier. Je l'oublie. Le film se fait sans lui. Clovis Cornillac, seize ans, sera la tête d'affiche de *Hors-la-loi*.

1986. Deux ans se sont écoulés. Avec mon amie et mentor Margot Capelier, je me rends à la prison de Bois-d'Arcy, dans les Yvelines, pour assister à un spectacle joué et monté par des détenus à l'initiative du comédien et dramaturge, Serge Sándor. Au menu, *Dom Juan*, de Molière. La pièce démarre. Puis, le choc, quand j'aperçois dom Carlos sur scène. Je suis frappé par le feu qui anime celui qui l'interprète, son intensité, son sens du déplacement, sa beauté aussi. Je retrouve Sándor à la fin de la représentation :

— Qui est-ce, ce dom Carlos ?

— Patrick Aurignac.

— Aurignac ? Attends, ce nom me dit quelque chose. Ce n'est pas lui que j'ai vu pour le casting de *Hors-la-loi* ?

— Oui, c'est lui.

Je suis abasourdi. Que le destin est étrange ! Voilà de nouveau ce jeune homme sur ma route. C'est un signe. Je dois l'aider cette fois.

— Il s'en souvient très bien, d'ailleurs, poursuit Sándor. Patrick m'en a parlé. Il sait que tu es dans la salle aujourd'hui. Il n'osera pas venir te saluer. Il a honte. Ta venue le renvoie à son propre échec.

J'en ai les larmes aux yeux. Ce gamin aurait dû faire *Hors-la-loi*. Il est passé à côté de quelque chose d'unique. Je ne peux pas l'abandonner maintenant. À la collation qui suit la représentation, je m'approche de Patrick, qui n'a pas encore regagné sa cellule.

— Tu sais, j'ai essayé de te retrouver par tous les moyens…

— J'imagine. J'étais déjà en taule ! J'ai tout gâché. J'ai confondu le ciné avec la réalité.

— Je vais t'écrire, maintenant.

— On dit ça… Une fois que tu seras dehors, tu m'auras déjà oublié.

— Non, tu ne me connais pas.

De fait, quelques jours après, je lui adresse ma première lettre. Il me répond aussitôt. Je récidive, lui aussi. Et ainsi de suite. Nous échangerons longuement. Des mois entiers. Je lui envoie également des mandats afin qu'il « cantine » au sein de la prison. De temps en temps, je viens lui rendre visite. Une fois, je suis escorté par Béatrice Dalle, qui se met dans la tête de fuguer avec lui et moi à l'issue de notre rencontre. Pendant qu'elle me tire par la manche pour m'expliquer son plan insensé, je me revois lui répondre à voix basse : « Mais tu es folle !? Ce n'est pas possible d'imaginer un truc pareil ! » Le pire est que Patrick semble prêt à la suivre… Quel attelage !

Peu à peu, se noue entre lui et moi une réelle complicité, une solide amitié. Je comprends qu'il a été emprisonné pour possession de marijuana et qu'en cellule il est tombé sous l'emprise d'un groupe de malfrats. À sa sortie, il a rejoint « le Gang de la banlieue sud », qui s'est lancé dans des braquages, dont certains meurtriers, même si lui n'a jamais eu de sang sur les mains, étant le plus jeune et un peu la « mascotte » du groupe. Je décide de contacter son avocat. Je m'étonne qu'au bout de plusieurs années d'incarcération préventive Patrick n'ait toujours pas été jugé. Je retrouve Jean-Yves Liénard, le défenseur des voyous et des parrains, à la buvette du palais de Justice, sur l'île de la Cité :

— Maître, comment le sortir de là ?

— Les délais ont été dépassés. Nous allons en référer à l'échelon européen auprès de la Cour des droits de l'homme. En attendant, il ne peut pas bénéficier d'une liberté conditionnelle car il a déjà été condamné dans une autre affaire. Je vais vous demander une chose en retour : soyez son témoin de moralité. La caution de sa réintégration dans la société aux yeux du juge.

— J'accepte.

Le jour du procès, je suis appelé à témoigner. Enfin ! Je suis tendu, ému comme jamais. Ce jour-là, j'attends des heures dans un petit box, à l'écart de la salle d'audience. Je dévore un vieux *Marie-Claire* qui traîne sur une table au point de finir par pouvoir réciter par cœur l'interview de Julien Clerc. Puis, un huissier vient me chercher. Je me présente à la barre. Je prête serment. Je commence à parler avant d'être immédiatement « agressé » verbalement par le procureur :

— Autrefois, on allait au Cours Florent ou au Cours Simon. Maintenant, ces beaux messieurs du cinéma viennent dans les prisons reluquer les jeunes garçons… C'est du propre !

C'est odieux. Le juge s'émeut de ces insinuations sexuelles calomnieuses et gratuites. Il lui assène un retentissant : « Monsieur le procureur, je vous interdis de parler comme cela. C'est inadmissible ! »

— Continuez, je vous prie, monsieur Besnehard…

Je reprends ma déposition. À l'appui, notre correspondance fait forte impression. Je sens que les femmes qui composent le jury sont touchées. Maître Liénard fait une plaidoirie vibrante. Verdict ? Patrick est condamné à une peine qu'il a déjà effectuée. Si bien qu'il est en principe libre. Sauf que le procureur le maintient en détention pendant six mois supplémentaires au motif qu'il a tenté de s'évader par le passé. Et Patrick retourne en cellule.

1989. Jour J. Patrick quitte la maison d'arrêt. Sans se retourner, conformément à la superstition des détenus. Je reçois un appel chez Artmedia.

— Bonjour Dominique, je suis sorti et je n'ai pas pu te prévenir. Je ne sais pas où dormir. J'ai tout mon baluchon.

— Viens, je vais t'héberger.

Je le reçois chez moi, à Gentilly. Deux jours plus tard, nous partons tous les deux au festival de Cabourg. Une manière de le lancer dans sa nouvelle vie. Après quelques stages en plateau, il jouera bientôt sous la direction de Catherine Breillat (*Sale comme un ange*), Claire Devers (*Max et Jérémie*), Maroun Bagdadi (*La Fille de l'air*), François Margolin (*Mensonge*) et Diane Kurys (*À la folie*).

Durant ces quelques années à l'accompagner, à le « couver » pour ainsi dire, j'ai ressenti un immense attachement pour lui, mais sans ambiguïté de ma part. Aucun trouble amoureux. Je le considérais comme un petit frère, placé en quelque sorte sous ma protection. Lors d'un voyage au Québec pour le tournage du film *Mouvements du désir*, de la réalisatrice canado-suisse Léa Pool, tandis que nous montions dans nos chambres d'hôtel un soir, il m'avait lancé tout à coup :

— Je crois que je vais coucher avec toi cette nuit.

— Mais tu es complètement fou ?

— Je te dois bien ça…

— Mais non, arrête ! Tu sais bien qu'il n'est pas question de ça entre nous. Comment peux-tu le croire une seule seconde ?

Et nous en sommes restés là, bien sûr. Ma sollicitude envers lui a toujours été pure et désintéressée. Je crois surtout qu'il avait besoin d'être aimé, consolé comme le petit chat perdu qu'il était. Le lendemain, nous avons retrouvé Valérie Kaprisky, qui tenait le premier rôle. Je les ai laissés en tête à tête. Patrick et elle ne se sont plus quittés pendant quelque temps…

Je ne crois pas être mystique, ni naturaliste. Cependant, j'aime assez la théorie fondamentale du taoïsme, l'un des piliers de la pensée chinoise, selon laquelle chacun recèle en lui deux énergies opposées, interconnectées mais complémentaires : le yin et le yang. L'une exprime le calme et l'équilibre ; l'autre, l'impulsivité et la nervosité. Patrick, hélas, était submergé par son yang. Il était à la fois fragile et tourmenté, mais également impétueux, animé d'une violence sourde, autodestructrice. Quand je l'ai aidé à prendre son envol, j'ai vraiment cru qu'il allait décoller pour de bon. Que la vie allait enfin lui sourire en grand. Hélas, il est tombé sur une junkie, qui l'a irrémédiablement entraîné dans sa chute. Il a plongé dans la drogue. Il s'est aussi mis dans la tête qu'il allait réaliser un *remake* de *Shock Corridor*, le chef-d'œuvre de Samuel Fuller de 1963. Ce qui aurait été source de frustration et de désillusion.

Plus dure sera la chute, hélas. Ceux qui s'en sont sortis une première fois tolèrent sans doute moins que les autres la récidive. Il se donnera la mort, chez lui, d'un coup de revolver en mai 1997. C'est la première fois que je verrai une scène pareille. Il baignait dans son sang. Vision cauchemardesque qui allait me hanter de longues années. Sa compagne, junkie, m'avait appelé en urgence sur les lieux du drame, car j'étais légalement sa personne de confiance.

L'unique film que Patrick a réalisé, *Mémoires d'un jeune con*, largement inspiré de sa propre histoire, a été laminé à sa sortie, en 1996, bien qu'il ait décroché le prix du public au festival Premiers Plans d'Angers. Et ça, je crois qu'il ne l'a pas supporté. Il est vrai que la distribution et le plan média avaient été un peu bâclés. Dans ce long-métrage financé par la productrice des *Nuits fauves* (Cyril Collard, 1992) qu'il a écrit avec Jacques Fieschi et Jérôme Tonnerre, Patrick incarne un caïd de prison qui va entraîner sur la pente fatale un jeune détenu influençable. Au générique, outre l'immense François Périer, dont ce sera la dernière apparition au cinéma, à soixante-seize ans, on trouve des talents qui vont prendre la lumière les années suivantes : Mathilde Seigner, Alexandra London, Romain Duris, Roschdy Zem… Ils seront présents à son enterrement, à Cormeilles-en-Parisis. Tout comme Béatrice Dalle et Valérie Kaprisky. Sa mère sera là, heureusement. Elle était toujours barmaid et s'était remariée. Elle avait abandonné Patrick peu après sa naissance. Son père était déjà mort.

Aujourd'hui, vingt-cinq ans après sa disparition, je me dis que ce que j'ai fait pour Patrick restera la plus belle chose que j'ai jamais accomplie. J'ai simplement été son bon Samaritain comme l'a été, par pure humanité, l'inconnu qui m'a sauvé la vie près de la gare Montparnasse un dimanche de décembre 2022 en me prodiguant les premiers soins à la suite de mon malaise cardiaque avant l'arrivée des pompiers. Je garderai les lettres de Patrick jusqu'à la fin de mes jours. En mémoire de lui, j'aimerais numériser son film afin que *Mémoires d'un jeune con* lui survive éternellement.

Z

Zozoter

« Mon zozotement est devenu
une arme de séduction malgré moi. »

Il paraît que je suis l'homme qui zozote à l'oreille des stars. Avec le temps, mon zézaiement est devenu ma signature, mon signe extérieur de notoriété. Souvent, les gens me reconnaissent quand ils m'entendent parler. Certains, tels Gérard Depardieu ou François Hollande, m'imitent, et plutôt bien du reste. Je n'y peux rien, c'est comme ça. De ce handicap présumé, j'ai fait une force. Je pense souvent à la magnifique citation de Cocteau « Ce que le public te reproche, cultive-le : c'est toi. »

Aujourd'hui, il me serait facile de raconter que ce chuintement m'a longtemps traumatisé, que j'ai été stigmatisé durant mon enfance et mon adolescence ou que ce défaut de prononciation a orienté tous mes choix professionnels. En vérité, je n'en ai jamais souffert. Ce serait même malhonnête de prétendre le contraire. Le plus drôle est que mon frère, Daniel, est également affecté de cette distorsion vocale, quoique dans une moindre mesure. En revanche, notre aînée, Sophie, et nos parents, non.

Pendant mes années de lycée, je jouais déjà au théâtre en amateur avec mes amis (*La Poudre aux yeux*, d'Eugène Labiche, et *Huis clos*, de Jean-Paul Sartre notamment). Et mon cheveu sur la langue ne me freinait pas. Bien sûr, enfant, à Houlgate, j'ai essuyé quelques moqueries de cour d'école, mais sans méchanceté, lesquelles s'arrimaient plutôt à mes goûts si peu virils : je n'aimais pas me bagarrer, ni jouer à la guerre, ni même taper dans un ballon pendant les récrés. Ce n'est qu'après, quand j'ai songé à devenir comédien, que je me suis posé la question : allais-je être barré à cause de mon zozotement par les gens du milieu ?

Je savais qu'on pouvait réussir malgré cette « particularité » orale. La preuve ? Claude Nicot (*Les Cinq Dernières Minutes*, *Maigret* ; *Le Mari, la Femme et la Mort*, etc.) a été une vedette du théâtre et de la télévision dans les années 1950 et 1960. *Idem* pour l'inénarrable Darry Cowl, qui nous a fait pleurer de rire avec son air d'éternel ahuri zézayant pendant quarante ans, des années 1950 aux années 1990. Surtout, Terry Hands (le père de Marina Hands et l'ex-mari de Ludmila Mikaël), qui mettait en scène à la Comédie-Française la pièce de Shakespeare *Périclès, prince de Tyr* en 1974, m'avait choisi pour un petit rôle alors que je n'étais même pas élève de « la maison ». J'avais tout juste vingt ans et j'avais réussi les auditions en récitant un monologue de la pièce de José Triana *La Nuit des assassins*, où trois jeunes simulent le meurtre de leurs parents. Hands avait-il aimé ma singularité ? Sans doute. J'étais flatté dans mon ego d'avoir été repéré par cet illustre membre de la Royal Shakespeare Company. Je constatai avec soulagement que je n'étais pas recalé pour mes soucis dyslaliques. Ça m'a donné des ailes pour la suite.

Cela étant, mon zozotement prononcé risquait de limiter malgré tout mon « emploi » au théâtre. Je sais que cela paraît fou au regard de ma silhouette actuelle, mais à l'époque, au milieu des années 1970, je pouvais prétendre à un rôle de « jeune premier ». Mais un jeune premier qui zozote, personne n'y croit ! En même temps, je n'avais pas non plus le physique d'un valet de comédie. J'étais atypique. Différent. Le théâtre classique ne m'offrait pas d'emploi défini. Aussi ai-je envisagé une autre voie, celle de la mise en scène et de la régie au concours de la Rue Blanche. Je me suis en quelque sorte autocensuré. Ce que je n'ai jamais regretté.

Mon regard sur ce défaut d'élocution a définitivement changé quand j'ai constaté qu'il était devenu un élément de ma personnalité et qu'il suscitait une empathie immédiate. En 1975, Jacques Doillon m'impose comme stagiaire contre l'avis de la production pour son film *Un sac de billes* parce que je le fais rire. Mon zozotement est devenu une arme de séduction malgré moi. Aujourd'hui, plus de quarante après, on me parle encore de ma scène coupée avec Isabelle Mergault – autre grande « chuinteuse » du cinéma – dans *L'Entourloupe*, de Gérard Pirès (1980). Dans ce film, elle est serveuse, je suis représentant de commerce. Les trois escrocs (Jacques Dutronc, Gérard Lanvin et Jean-Pierre Marielle) qui écoulent des encyclopédies médicales de luxe à des paysans incultes dans le Marais poitevin nous regardent, hilares. Derrière la caméra, tout le monde hurle de rire aussi. C'est dément ! Avis à mes lecteurs : j'offre une grosse récompense à celui ou celle qui récupérera un jour les rushes perdus de ce pur moment de comédie zozotée.

Table des matières

Dans la même collection
Le Dictionnaire de ma vie

Claude Lelouch, 2016
Michael Lonsdale, 2016
Patrice Leconte, 2017
Michel Leeb, 2017
Louis Chedid, 2018
Éric Dupond-Moretti, 2018
Gérard Jugnot, 2018
Gérard Darmon, 2019
Élie Chouraqui, 2019
Thierry Marx, 2019
Eddy Mitchell, 2020
Charlotte de Turckheim, 2021
René Frydman, 2022
Alexis Grüss, 2022

Photocomposition : Nord Compo

Achevé d'imprimer en août 2023
par CPI BRODARD & TAUPIN (72200 La Flèche)
pour le compte des éditions KERO
21, rue du Montparnasse 75006 Paris

PAPIER À BASE DE FIBRES CERTIFIÉES

KERO s'engage pour l'environnement en réduisant l'empreinte carbone de ses livres. Celle de cet exemplaire est de :
850 g éq. CO_2
Rendez-vous sur www.kero-durable.fr

N° d'éditeur : 4267213/01
N° d'imprimeur : 3051713
Dépôt légal : août 2023
Imprimé en France